变革的影响
九国职业教育与培训体系比较研究

BIANGE DE YINGXIANG
JIUGUO ZHIYE JIAOYU YU PEIXUN TIXI BIJIAO YANJIU

［澳］杰克·基廷　　［美］艾略特·梅德奇　◎著
［澳］维罗妮卡·沃尔科夫　［澳］简·佩里

杨蕊竹 ◎ 译

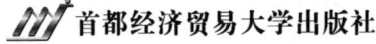

首都经济贸易大学出版社
Capital University of Economics and Business Press
·北京·

图书在版编目(CIP)数据

变革的影响:九国职业教育与培训体系比较研究/(澳)杰克·基廷等著;杨蕊竹译. ——北京:首都经济贸易大学出版社,2018.1
ISBN 978-7-5638-2719-0

Ⅰ.①变… Ⅱ.①杰… ②杨… Ⅲ.①职业教育—对比研究—世界 ②职业培训—对比研究—世界 Ⅳ.①G719.1 ②C975

中国版本图书馆 CIP 数据核字(2017)第 259627 号

Comparative Study of Vocational Education and Training Systems : National Vocational Education and Training Systems across Three Regions under Pressure of Change
Copyright © Australian National Training Authority,2002
Jack Keating,Elliot Medrich,Veronica Volkoff,Jane Perry

根据 National Centre for Vocational Education Research Ltd. 2002 年版翻译

变革的影响:九国职业教育与培训体系比较研究
(澳)杰克·基廷　(美)艾略特·梅德奇　(澳)维罗妮卡·沃尔科夫　(澳)简·佩里　著
杨蕊竹　译

责任编辑	学江
封面设计	风得信·阿东 FondesyDesign
出版发行	首都经济贸易大学出版社
地　　址	北京市朝阳区红庙(邮编 100026)
电　　话	(010)65976483　65065761　65071505(传真)
网　　址	http://www.sjmcb.com
E - mail	publish@cueb.edu.cn
经　　销	全国新华书店
照　　排	北京砚祥志远激光照排技术有限公司
印　　刷	唐山玺诚印务有限公司
开　　本	710 毫米×1000 毫米　1/16
字　　数	272 千字
印　　张	15.5
版　　次	2018 年 1 月第 1 版　2022 年 11 月第 1 版第 3 次印刷
书　　号	ISBN 978-7-5638-2719-0
定　　价	68.00 元

图书印装若有质量问题,本社负责调换
版权所有　侵权必究

译 者 序

杰克·基廷（Jack Keating）、艾略特·梅德奇（Elliot Medrich）、维罗妮卡·沃尔科夫（Veronica Volkoff）、简·佩里（Jane Perry）等合著的《变革的影响：九国职业教育与培训体系比较研究》一书，是近20年来国际职业教育研究领域一项有重要影响的研究成果。作者把职业教育问题放在经济全球化和社会、政治深刻变革的大背景下进行研究，在国家政治、经济、社会、文化的发展变化中寻找职业教育与培训体系改革的动因。用事实分析阐释了职业教育制度不仅是一种教育制度，同时也是就业、经济、社会保障、财税等国家制度以及执政者政治主张的重要内容，是当今世界各国推进国家一揽子改革政策不可缺少的部分。作者通过考察发现，不同国家的职业教育制度都受到了一系列经济社会变革压力的影响，职业教育制度因国情不同而异。他们选取了9个国家进行比较研究，试图找到职业教育与培训体系目的、结构和发展方向在应对经济社会深刻变革的压力时出现哪些变化，再从这些变化中寻找规律性，以便对作者所在国家——澳大利亚的职业教育与培训体系、制度建设提供咨询建议。

全书主要有五章内容。第一章是总论，作者阐述了研究目的、研究对象、研究方法、具体的研究变量，以及欧洲、东亚、美洲三个地区的9个国家作为比较研究对象的选取依据和对各国特点的概括性介绍。第二至四章，分别对欧洲的法国、德国、英国（第二章），亚洲的中国、日本、新加坡（第三章），美洲的智利、墨西哥、美国（第四章），共9个国家的教育与培训体系在变革压力下出现的特征及其改革动向进行详细阐述。对每个国家的分析研究都包括5个方面的基本内容，即经济、教育体系、初次职业教育、继续职业教育以及职业教育与培训体系的发展方向和问题。第五章是总结。作者通过国际比较研究提炼出一些比较明显的趋势。其一，政府虽然在职业教育与培训体系的管理中将继续占有举足轻重的地位，但体系运作要转向市场需求，推动职业教育运行从供给模式向需求模式转变，让市场发挥资源的配置作用。其二，各国职业教育都面临着资金多元化的动力不足、职业教育的灵活性不够、培训内容的针对性不强等问题。尽管各国市场发育程度不尽相同，有的市场环境并不十分成熟，但是它们都在积极探索解决这些职业教育问题的完美方案。其三，职业教育和普通教育之间的衔接与沟通愈加紧密，随着对课程融合、学分转换的尝试，两种教育水乳交融的局面将不再遥远。此研究源于澳大利亚的研究机构，因此本书最后特别指出了对于澳大利亚职业教育的重要启示，从部门界定、职业教育与培训政策、学徒制和工学交替式培训、需求导向、制度基础、社会伙伴关系等关键词中延伸开来，提出了建设性思考。

值得说明的是，作者在研究中使用的工作语言是英语，但作为研究考察对象的9个国家中有7个不是英语国家，可以想象不同国家的文化差异带给作者的挑战有多么巨大。概念、变量和范围的不确定性给比较研究造成了很大困难，然而研究者对此做了比较好的处理。一是厘清职业教育概念。法国、德国、英国、中国、新加坡多使用"职业教育与培训"（VET），日本、智利、墨西哥、澳大利亚使用"技术和职业教育与培训"（TVET），美国则使用"职业和技术教育"（VTE），也有在一个国家同时出现其他概念的情况如美国的"生涯与技术教育"（CTE），作者将各国不同的提法统称为"职业教育与培训"。译者翻译时也简称为"职业教育"。二是确定比较变量。选择了（1）职业教育与培训的经费来源，（2）认可制度，（3）管理体制，（4）劳动力市场与产业结构，（5）全球经济变化，

(6)对职业教育与培训的影响,技能形成路径,(7)社会、经济的包容性,共7个方面作为比较变量,抓住了职业教育与培训制度的核心问题。三是划分职业教育类型。作者借用了欧洲国家的通行做法,将职业培训划分为初次职业培训(initial vocational training, IVT)、继续职业培训(continuing vocational training, CVT)。译者反复研究了原文内容,考虑到职业教育分类中相关概念的一致性,遂将IVT,CVT分别译为初次职业教育、继续职业教育。四是分析职业教育的存在状态和管理模式。初次职业教育通常隶属国家管理,且大多由国家资助,通过职业教育与培训机构或各种形式的学徒制获得,具有正式的、学历的特点。继续职业教育是就业后的,更多情况下是接受职业培训。法国和墨西哥的继续职业教育局隶属劳动部而非教育部。有的继续职业教育本质上是非正式的(日本),有的是高度正式的(德国),但在其他国家往往是两者的结合,如美国的工作人员就频繁返回到各种各样的教育和培训中。职业教育体系和整体教育体系的关系、初次职业教育和继续职业教育的关系、职业教育与劳动力市场的关系,形成了这些国家职业教育体系的基本面貌。

本书英文版出版于2002年,我们在13年以后把它翻译成中文是因为他们的研究视角、研究方法、研究框架堪称职业教育宏观问题研究的范例,对于职业教育研究者来讲有重要的参考价值。另外一个重要原因是它或许可以让我们从历史的角度找寻职业教育发展的趋势和规律。从20世纪90年代中期到21世纪10年代中期,许多国家完成了对职业教育法律、政策、制度的重大改革甚至重构。例如,英国从20世纪90年代初开始推行国家通用职业资格(GNVQ)教育改革;澳大利亚1995年启动实施国家资格框架(AQF)制度;中国于1996年颁布实施职业教育法,欧盟于2002年发布《哥本哈根宣言》,推进建立欧洲资格框架(EQF);美国始于20世纪90年代中期的职业生涯集群改革以及《2006年卡尔·珀金斯生涯和技术教育改进法》的实施,等等。到底有哪些因素影响着职业教育改革和发展的决策与进程？本书将其归结于 20 世纪世纪 80、90 年代风起云涌的改革潮流带给职业教育的压力。那一时代，经济全球化快速起步、知识经济初见端倪、全球经济增长比较强劲，世界范围内有过金融危机、经济危机、战争危机以及不少国家发生政权更迭，职业教育与培训受到了这些变革的深刻影响。本书重点分析研究的 9 个国家，有传统的资本主义国家，有新兴市场经济体，也有像中国这样的发展中的社会主义大国，可以说在世界范围内具有很强的代表性。把这 9 个国家的职业教育与培训体系放在 20 世纪 80、90 年代的时代背景下去分析研究，可能更容易揭示出职业教育的发展趋势和规律。

本部译著得到了国家社会科学基金"十二五"规划 2011 年度教育学重大课题"我国现代职业教育体系研究"（AJA110003，负责人：姜沛民）和北京市教育科学"十二五"规划重大课题"现代职业教育体系理论与实践研究"（MAA11001，负责人：孙善学）的资助，并得到首都经济贸易大学研究生部、出版社的大力支持，借此深致谢忱。在翻译和勘校的过程中译者尽管忠实原著、谨慎动笔，不明之处多方查证，但由于原文涉及国家较多，概念体系复杂，加之译者水平所限，译文中难免存在错误，诚恳欢迎广大读者批评指正。

目 录

图表目录 ··· v

鸣谢 ·· x

缩略词表 ··· xi

第一章 总论 ··· 1
  第一节 研究目的与对象 ································ 1
    一、九个体系 ··· 1
    二、欧洲 ··· 2
    三、东亚 ··· 3
    四、美洲 ··· 4
    五、总结 ··· 4
  第二节 研究方法与内容 ································ 5
    一、职业教育的比较研究 ······························ 5
    二、职业教育体系与变革 ······························ 8
  第三节 国际视野中的职业教育体系 ···················· 9
    一、系统化 ··· 9
    二、分类 ··· 12
    三、变量 ··· 20

　　　　四、比较的问题……………………………………………… 31
　　第四节　九个体系及其特点………………………………………… 32

第二章　欧洲……………………………………………………………… 35
　　第一节　法国………………………………………………………… 37
　　　　一、经济…………………………………………………… 37
　　　　二、教育体系……………………………………………… 40
　　　　三、初次职业教育………………………………………… 41
　　　　四、高中…………………………………………………… 42
　　　　五、大学课程和工学交替式培训………………………… 42
　　　　六、学徒制………………………………………………… 43
　　　　七、学徒培训的经费……………………………………… 46
　　　　八、继续职业教育………………………………………… 47
　　　　九、问题…………………………………………………… 49
　　第二节　德国………………………………………………………… 50
　　　　一、经济…………………………………………………… 50
　　　　二、教育体系……………………………………………… 55
　　　　三、初次职业教育………………………………………… 58
　　　　四、继续职业教育………………………………………… 61
　　　　五、问题…………………………………………………… 62
　　第三节　英国………………………………………………………… 65
　　　　一、经济…………………………………………………… 65
　　　　二、教育体系……………………………………………… 69
　　　　三、初次职业教育………………………………………… 74
　　　　四、学徒制………………………………………………… 77
　　　　五、继续职业教育………………………………………… 78
　　　　六、方向和问题…………………………………………… 81

目 录

第三章　东亚 ·· 83

　第一节　中国 ·· 84
　　一、经济 ·· 84
　　二、教育体系 ·· 90
　　三、职业教育与培训 ·· 92
　　四、职业教育与培训的经费 ······································ 96
　　五、继续教育 ·· 97
　　六、问题 ·· 98

　第二节　日本 ·· 102
　　一、经济 ·· 102
　　二、文化资产 ·· 106
　　三、技能形成 ·· 107
　　四、教育体系 ·· 108
　　五、初次职业教育 ··· 112
　　六、继续职业教育 ··· 113
　　七、教育与产业：过渡过程 ······································ 115
　　八、问题 ·· 116

　第三节　新加坡 ·· 118
　　一、经济 ·· 118
　　二、教育体系 ·· 123
　　三、职业教育与培训 ·· 127
　　四、初次职业教育 ··· 129
　　五、继续职业教育 ··· 132
　　六、方向和问题 ··· 134

第四章　美洲 ·· 137

　第一节　智利 ·· 138
　　一、经济 ·· 138

二、教育体系 ·· 140
　　三、职业教育与培训 ·· 144
　　四、初次职业教育 ·· 144
　　五、继续职业教育 ·· 147
　　六、方向和问题 ··· 149
第二节　墨西哥 ·· 151
　　一、经济 ·· 151
　　二、教育体系 ·· 154
　　三、初次职业教育 ·· 157
　　四、继续职业教育 ·· 162
　　五、方向和问题 ··· 163
第三节　美国 ·· 166
　　一、经济 ·· 166
　　二、教育体系 ·· 171
　　三、初次职业教育 ·· 173
　　四、继续职业教育 ·· 180
　　五、学徒制 ·· 181
　　六、方向和问题 ··· 182

第五章　总结与启示 ·· 184

参考文献 ··· 191

附录 ··· 215

译后记 ·· 222

图表目录

表格

表 1	20 世纪 80 年代和 90 年代四国的工资分布	30
表 2	经济和教育指标（法国）	38
表 3	1997 年各级各类教育中学生的人均支出（法国）	39
表 4	经济和教育指标（德国）	52
表 5	1997 年各级各类教育中学生的人均支出（德国）	53
表 6	1998 年所选国家具有 3~6 级资格的人数	58
表 7	1980—1993 年欧洲国家的学徒制比较	61
表 8	经济和教育指标（英国）	67
表 9	1997 年各级各类教育中学生的人均支出（英国）	68
表 10	经济和教育指标（中国）	86
表 11	不同性质企业的国内生产总值产出比例	87
表 12	不同教育程度的就业人数及就业增长率	87
表 13	不同产业的国内生产总值产出比例	88
表 14	技能劳动力的国家排名（共 47 个国家）	89
表 15	中国教育分类及规模	92
表 16	全日制职业学校教师的教育资历	95
表 17	1997 年中国职业教育的经费来源	97
表 18	所选国家的科研支出、科研人员比例、工程学位比例及专利注册数量比较	104

表19	经济和教育指标（日本）	104
表20	收入分布	106
表21	1997年各级各类教育中学生的人均支出（日本）	107
表22	1970年和1998年高等教育机构的学生注册数	113
表23	经济和教育指标（新加坡）	120
表24	1998年不同行业的就业人数	122
表25	2000年新加坡教育机构的数量	124
表26	2000年校外人员的进修目标	130
表27	1998年后义务教育与培训的注册、入学和毕业生人数	131
表28	经济和教育指标（智利）	139
表29	1997年各级各类教育中学生的人均支出（智利）	142
表30	1980—1990年受资助的中等后教育机构数量	143
表31	1993年中等教育毕业生总支出	144
表32	1980—1994年企业培训项目	148
表33	经济和教育指标（墨西哥）	153
表34	1997年各级各类教育中学生的人均支出（墨西哥）	155
表35	1992—1993年不同性质的高中和高等教育的学生注册数	156
表36	1992年不同性质高中的学生注册数	160
表37	1992年职业教育的学生注册数	160
表38	墨西哥和部分经合组织国家中职业教育的学生比例	161
表39	1997年接受技能培训与技术教育的学生数	161
表40	经济和教育指标（美国）	167
表41	1996年和2006年（估计）各职业人数分布	168
表42	1996年和2006年（估计）增长最快的十大职业	168
表43	1996年不同教育与培训类型的就业和平均周薪	170
表44	1997年各级各类教育中学生的人均支出（美国）	171
表45	高中毕业生中选修职业课程达3学分及以上的比例	177

表 46 1992 年的高中毕业生毕业两年后所在各高等教育机构人数比例 ·············· 179

表 47 1989—1990 年和 1995—1996 年副学士学位在职业教育主要专业的分布比例 ·············· 179

附录

附表 1 各国人力资源可用性（availability）和资历（qualification）排名（共 47 个国家）·············· 215

附表 2 各国技能劳动力的可用性（availability）排名（共 47 个国家）·············· 215

附表 3 1993 年和 1998 年青年失业率占总体失业率的比例 ·············· 216

附表 4 失业率和青年失业率·············· 216

附表 5 不同产业的就业率·············· 217

附表 6 1993—1998 年的年均就业增长率 ·············· 217

附表 7 教育支出以及继续职业教育支出占国家公共支出的比例 ·············· 218

附表 8 20 世纪 80 年代和 90 年代四国工资分布 ·············· 218

附表 9 高中毕业生的去向分布比例（1996 年或最近一年）·············· 219

图

图 1 1993—1994 年欧洲初次职业教育的实施场所 ·············· 13

图 2 1993 年欧洲各国企业提供的继续职业教育 ·············· 18

图 3 1993 年企业为员工职业教育投资占员工总投资的比例 ·············· 19

图 4 1980—2001 年国内生产总值增长率 ·············· 37

图 5 法国的教育与培训体系 ·············· 41

图 6 1984—1999 年的平均学徒数 ·············· 45

图 7 1980—2001 年国内生产总值增长率 ·············· 51

图 8 1996 年的劳动生产率 ·············· 53

图 9	德国的教育与培训体系	56
图 10	1995—1996 年初次职业教育项目分布比例	59
图 11	1974—1999 年的学徒制毕业生数	64
图 12	1980—2001 年国内生产总值增长率	66
图 13	英格兰和威尔士的教育体系	71
图 14	1987—1996 年政府资助的全日制教育与培训中 16~18 岁学生人数	75
图 15	1984—1995 年 16~19 岁人口中接受基于工作的培训比例	76
图 16	1988—1995 年青年培训结果	76
图 17	1983—1995 年在职学徒的平均人数	77
图 18	1994—1995 年 25~64 岁人口中参与继续教育的平均时长	79
图 19	1980—2001 年国内生产总值增长率	85
图 20	中国劳动力的受教育程度	90
图 21	中国的教育与培训体系	91
图 22	1980—2001 年国内生产总值增长率	103
图 23	1960—1998 年初高中注册人数	109
图 24	中等和高等教育的净入学率	110
图 25	1970—1998 年的分类课程	111
图 26	日本的教育与培训体系	112
图 27	1970—1997 年的失业率	116
图 28	1980—2001 年国内生产总值增长率	119
图 29	1993—1998 年的年均就业增长率	122
图 30	新加坡的教育体系	125
图 31	1995 年八年级学生的数学和科学平均成绩	126
图 32	1997 和 1998 年技术教育学院入学人数	131
图 33	1980—2001 年国内生产总值增长率	139
图 34	1997 年中等教育净入学率	141

图 35	智利的教育体系	142
图 36	1980—1993年中等教育和技术职业教育的学生注册率	145
图 37	1980—2001年国内生产总值增长率	152
图 38	1950—1990年各阶段教育人数	154
图 39	墨西哥的教育体系	156
图 40	公共教育秘书处统管下的国家技术教育体系	157
图 41	外部培训部门的主要类型	164
图 42	1980—2001年国内生产总值增长率	166
图 43	美国的教育体系	172

附录

附图 1	1960—1984年各区域职业教育的学生注册比例	220
附图 2	1993—1994年普通教育与职业教育的学生比例	221
附图 3	1996年的劳动生产率	221
附图 4	1995年的教育公共支出	221

鸣　　谢

感谢安迪·格林教授和阿基科·坂本－范登堡女士提供来自英国政府资助的高技能项目中关于日本、新加坡和英国职业教育与培训的文献和数据。感谢姆·奥利费·贝特朗（原 CEREQ 主管）提供法国入门级培训方面的数据资料。

本研究还受益于来自各个国家和国际组织的人员咨询，这些组织包括：

- 资格与课程局，教育与就业部，苏格兰资格认证局、苏格兰办公室和在英国的苏格兰企业。
- 中华人民共和国劳动和社会保障部，教育部职业技术教育中心研究所。
- 墨西哥的公共教育秘书处、国家职业技术资格认定中心、社会保险和工作秘书处。
- 经济合作与发展组织和世界银行。

非常感谢桑德拉·豪克卡对报告最终版本的修改。

缩略词表

缩略词	原文	参考译文	国别（地区）
ACCET	Advisory Council of Continuing Education and Training	继续教育与培训顾问委员会	新加坡
ACTU	Australian Council for Trade Unions	澳大利亚工会理事会	澳大利亚
ANTA	Australian National Training Authority	澳大利亚国家培训局	澳大利亚
ASTF	Australian Student Traineeship Foundation	澳大利亚学生实习培训基金	澳大利亚
ATC	approved training centre	正规培训中心	新加坡
BIBB	Bundesinstitut fur Berufsbildung	联邦职业教育研究所	德国
CBI	Confederation of British Industries	英国工业联合会	英国
CECATIs	Centros de Capacitacion para el Trabajo Industrial	行业职业培训中心	墨西哥
CEDEFOP	European Centre for Vocational Education Research	欧洲职业培训发展中心	欧洲
CEREQ	Centre d'etudes et de Recherches sur les Qualifications	资格调查研究中心	法国
CETIS	Centro de Ensenanza Technica Industrial	工业技术教育中心	墨西哥

CIMO	Programa de Calidad Integral y Modernizacion	质量统筹和现代化项目	墨西哥
CINTERFOR	Centro Interamericano de Investigacion y Documantacion sobre Formacion Professional	职业培训知识开发中心	拉丁美洲
CIVTE	Central Institute for Vocational and Technical Education	（教育部）职业技术教育中心研究所	中国
CONALEP	Colegio Nacional de Educacion Professional Technica	国家职业技术教育大学	墨西哥
CPC	Commissions Professionnelles Consultatives	职业咨询委员会	法国
CPTE	Council on Professional and Technical Education	职业与技术教育委员会	新加坡
CREST	critical enabling skills training	关键技能培训	新加坡
CRET	regional committees for education and work	教育和工作区域委员会	智利
CVT	continuing vocational training	继续职业教育	欧洲
DfEE	Department for Education and Employment	教育与就业部	英国
DGEST	Direccion General de Educacion Secundaria Technica	中等技术教育总局	墨西哥
DGETA	Direccion General de Educacion Technologica Agropecuaria	农业技术教育总局	墨西哥
DGETI	Direccion General de Educacion Technologica Industrial	工业技术教育总局	墨西哥

缩略词表

DHE	Department of Higher Education	高等教育司	中国
DVAE	Department of Vocational and Adult Education	职业与成人教育司	中国
EC	European Community	欧共体	欧洲
ETCs	Employment Training Centres	就业培训中心	中国
FEFC	Further Education Funding Council	继续教育基金会	英国
GCE	General Certificate of Education	普通教育证书	新加坡
GCSC	General Certificate of Secondary Education	普通中等教育证书	英国
GDP	Gross Domestic Product	国内生产总值	国际
GED	General Equivalency Diploma	普通同等学历证书	美国
GNVQ	General National Vocational Qualification	普通国家职业资格	英国
HMI	Her Majesty's Inspectors	皇室督学	英国
ICATES	Instituto de Capacitacion para el Reabajo Estatal	国家职业培训学院	墨西哥
ILO	International Labour Organisation	国际劳工组织	国际
IMF	International Monetary Fund	国际货币基金组织	国际
INACAP	Instituto Nacional de Capacitation Professional	国家培训学院	智利
IPN	Instituto Politechnico Nacional	国家综合性工业学院	墨西哥
ITE	Institute of Technical Education/Instituto Technologico Estatal	国家技术教育学院	墨西哥
IVT	initial vocational training	初次职业教育	欧洲

MOE	Ministry of Education	教育部	中国
MOLSS	Ministry of Labour and Social Security	劳动和社会保障部	中国
NAFTA	North American Free Trade Agreement	北美自由贸易协定	北美洲
NGO	Non-Government Organisation	非政府组织	国际
NPB	National Productivity Board	国家生产力局	新加坡
NVQ	National Vocational Qualification	国家职业资格	墨西哥
OECD	Organisation for Economic Co-operation and Development	经济合作与发展组织	国际
OSTA	Occupational Skills Testing Authority	职业技能鉴定中心	中国
OTIR	intermediate technical organisation	中级技术培训机构	智利
PRC	People's Republic of China	中国	中国
PROBECAT	Programa de Becas para Trabajadores Desempleados	失业人员奖学金项目	墨西哥
SAT	Scholastic Aptitude Test	学习能力倾向测试	美国
SDF	Skills Development Fund	技能发展基金	新加坡
SENCE	National Skills Training and Employment Service	国家技能培训和就业服务	智利
SEP	Secretariat of Public Education	公共教育秘书处	墨西哥
SME	small to medium enterprise	中小型企业	日本
SNET	Sistema Nacional de Educacion Technologica	国家技术教育体系	墨西哥
SNVQ	Scottish National Vocational Qualification	苏格兰国家职业资格	英国
SOE	state-owned enterprise	国有企业	中国

缩略词表

STPS	Secretaria de Trabajo y Previsiom Social	社会保险和工作秘书处	墨西哥
SVC	Secondary Vocational College	中等职业学院	德国
SVQ	Scottish Vocational Qualification	苏格兰职业资格	英国
SWS	Skilled Worker School	技工学校	中国
TAC	Training Advisory Committees	培训咨询委员会	新加坡
TAFE	technical and further education	技术与继续教育	澳大利亚
TEC	Training and Enterprise Council	培训和企业理事会	英国
TVEI	Technical and Vocational Education Initiative	技术和职业教育项目	英国
TVET	Technical and Vocational Education and Training	技术和职业教育与培训	欧盟
UNEDIC	national multi-sector union of employment in industry and commerce	全国就业联盟	法国
UNESCO	United Nations Education, Scientific and Cultural Organization	联合国教科文组织	联合国
UNEVOC	UNESCO International Center for Technical and Vocational Education and Training	职业教育与培训中心	联合国
VET	vocational education and training	职业教育与培训	国际
VITB	Vocational and Industrial Training Board	职业与产业培训局	新加坡

第一章 总 论

第一节 研究目的与对象

本研究试图对来自欧洲、东亚和美洲九个国家的职业教育与培训（VET）体系进行全面的比较分析，目的是考察那些影响职业教育与培训体系特征、表现和成效的主要变量，以及经济、社会变革对这些变量的影响。

职业教育与培训领域中的比较教育研究不胜枚举。人们关注职业教育国际比较研究的主要原因，一是职业教育与培训政策制定者对职业教育的国际发展十分关注，二是职业教育与培训随着时代的变化会不断进行调整、修改与完善，三是职业教育与培训和经济实力及就业相关的社会问题之间关系密切。在本研究中，我们采用了一些国际公认的研究方法和若干典型变量，如职业教育与培训的经费、认可、管理及教育与劳动力市场的联系等。国际上对于职业教育与培训的研究兴趣也同经济全球化和社会变革对其产生的影响相关，一个国家的国际经济竞争能力同经济和社会包容及排斥等问题的联系日趋紧密，从而对技能形成（skills formation）的角色和过程赋予了特殊意义。

一、九个体系

系统化在职业教育与培训领域是在最近才兴起的现象，不是每个国家都有一个成型的职业教育与培训体系供我们去比较和分析，因此职业教育与培训体系国际比较研究是存有疑问的。本研究建立在文献综述基础之上，辅以其他职业教育与培训项目研究，也包括田野调查。在研究每个国家的"体系"时，本研究重点考察了职业教育与培训和整个教育系统之间的关系，初次职业教育（initial vocational training，IVT）和继续职业教育（continuing vocational education，CVT）之间的关系。

九个体系的选取考虑到它们的经济、人口、文化和意识形态背景的差异和代表性。这九个系统的共同之处是都处在变革的压力之下，且一直受到政策干预。它们在资金、管理、认证、整合、与教育体系的关系、与劳动力市场的关系等方面提供了丰富的案例资料。

二、欧洲

20世纪西欧的三大经济体——德国、法国和英国在职业教育与培训领域形成了鲜明的对比。德国凭借其技能形成的过程而备受国际推崇（日本也是如此），其主要途径是学徒制，也称为"双元制"。而在过去十年中，德国的职业教育与培训体系也频繁受到来自其他国家的质疑。主要问题是行业培训场地长期紧缺，但更根本的问题涉及德国职业教育的根基，不断有人怀疑其技能形成系统是否具备足够的灵活性，另外过早地将60%的年轻人引入职业教育与培训之路的做法是否妥当。

法国的教育与培训历来有中央集权（centralised and statist）的传统，这与以工业为基础的德国对比鲜明。中央集权的传统在职业培训和劳动力市场的监管中表现强劲。经过几十年的政策干预，学徒制和工学交替式培训于最近才初见成效。同时，法国在职业教育与培训的成本、资金、文凭主义和公平性等方面的问题凸显，国家对需求方面的高度干预并没有有效促进需求方与供应方之间的联系。

英国的职业培训受到国内长达20年的批判。在此期间，尽管国家不断干预，但英国职业培训"体系"依然遵循志愿主义①（voluntarism）原则。最近，英国在经济发展中出现了对行业培训的较高要求，但关于技能形成的方法以及职业教育和普通教育体系之间关系的问题仍旧存在。

三、东亚

在过去20年，中国、日本和新加坡成功跻身发展最快的经济体行列，然而这三个国家在地理、人口、文化传统和意识形态方面显著不同。在技能形成方面，有关新加坡和日本的研究成果已经很多，其实中国也值得关注，它们最近积极致力于发展职业教育与培训。

近年来，伴随着一定程度的工业和社会变革，中国经济发展迅猛。以前的国有企业（SOE）和基于公司的行业培训正在逐渐消失，同时中国正在寻找新的方法来进行职业教育与培训，以及平衡它和主流教育体系之间的关系。中国职业教育与培训在发展方向和经费保障方面面临着诸多挑战，但作为新兴的市场经济体，扩大需求是其目前最主要的难题。

20世纪后期，日本在国际经济中一直被当作标杆，然而这种优势在20世纪末逐渐消失。很显然，这不仅仅是一个简单的周期现象，更深层次的原因是可能与产业体系基础有关。由于日本青年失业率很低，并且拥有企业培训文化优势，众多的青年人可以在普通教育之后进入企业接受入门培训或职业培训，所以日本向来极其看重普通教育，但是这种情况近来也在逐渐减弱。与之前提到的具有强大的企业培训文化的国家相似，日本被质疑的地方也在于培训体系及毕业生的灵活性。

新加坡的特征是相对专制和家长制。国家对职业教育和劳动力市场的高度干预吸引了众多国际目光。新加坡一直强调对纪律、规章的服从，然

---

① 志愿主义是一种自由主义哲学，认为各种形式的人际交往都应该出于自愿。在这里指学习者自由选择自己发展志愿和相应的学习类型，国家基本不干预。——译者注

而，这种传统是否可以作为当下冒险和创新文化发展的基础，受到人们的普遍怀疑。

四、美洲

美洲主要由两个地区组成：一是经济繁荣的美国和加拿大，二是经济多样性的拉丁美洲和加勒比地区。不但美洲地区的自然特征迥异，而且拉丁美洲的职业教育与培训也独具特色，这为本次对比研究提供了丰富的素材。

20世纪80年代，智利在教育和培训领域进行了彻底改革。相对于其他国家，智利尝试了最激进的创新，包括高度私有化和以需求为导向等，例如引进教育券。这种以市场为导向的创新，目前面临的问题是，国家在先进技能形成发展中应该扮演怎样的角色？

在职业教育与培训的碎片化倾向以及它在普通教育体系中的角色方面，墨西哥提供了很好的案例。国家的定期干预、频繁引进国外模式直接导致了教育体系的混乱与断层局面。国家的干预通常以增加供给为目的，很少关注需求。因此，墨西哥最大的挑战是扩大需求和增强供求对接的有效性。

美国整体的教育体系在它强大的经济优势面前相形见绌，教育的辍学率非常高，这与经济和社会排斥因素关系密切。美国企业中涌现了大量与其先进经济发展水平相适应的技能，令其他国家欣羡不已。最近虽然出现了旨在加强教育与产业联系的不寻常的国家干预，但职业教育与培训在教育体系中的作用仍然是渺小又模糊不清的。

五、总结

这九个国家的职业教育与培训体系存在着一些显而易见的特点、趋势与问题，集中在职业教育与培训和其他教育的联系、和国家及其他社会部门的关系、需求方面的问题以及面对本世纪新挑战的应变性等，这些都值得澳大利亚去注意。

第二节 研究方法与内容

本研究通过两组活动进行资料收集。一方面，研究团队的成员参加各种与职业教育与培训相关的学习和研究，包括澳大利亚资助的在中国的职业教育与培训项目，世界银行在墨西哥的职业教育与培训项目，日本、新加坡和德国技能形成的比较研究①。通过这些活动，团队成员对这五个国家的职业教育与培训系统中的高级官员和知名研究学者及专家进行了相关采访。这项研究还涉及与美国和英国著名研究学者的合作，他们在职业教育与培训领域都是举足轻重的人物。

另一方面，本研究还通过广泛的文献查阅加以补充，包括大量公开的、未公开的文献，均是团队成员通过上述活动所得。

一、职业教育的比较研究

教育体系研究中使用的比较研究方法，在社会科学研究中较为普遍。教育体系庞大的社会投资是极其复杂的，它们会受到教育体系的历史、规模影响，并与社会、经济以及国家的安全与繁荣紧密相连。纵观20世纪，国家和地区政府干预教育与培训体系更为频繁。干预的频率与政府对教育和培训的投资增加（OECD，1998）、个人从教育中获得的红利（OECD，1999）以及国民经济红利（Green 和 Steedman，1993）等因素相关。

教育体系，特别是学校体系，通常与社会，包括社会结构（Boudieu，

---

① 英国社会科学研究协会资助的项目："高技能计划：教育和培训通往高技能经济之路"。

1973）和政治系统关联紧密。它们基本上也是保守的机构（Ringer，1979），至少是一个国家文化的部分映像①。因此，它的迅速变化和激进式创新的能力非常有限。虽然国家的重大变革常常促使政府推动教育体系的改革，但是教育体系往往采取保守措施以巩固其教育标准②。

另一方面，培训体系与社会和国家文化的关系相对脆弱，因此对于强大的变革更有承载力。怀特（White，1995）指出，澳大利亚政府在经济危机时期有干预职业教育与培训的倾向。沃尔夫（Wolf，1998）在英国观察到相同的倾向。相比学校教育，国家在职业教育与培训方面的干预更为频繁和激进③。由于职业教育与培训被看作是一种经济手段，政府经常与企业和工会组织建立联系（Theunissen，1997）。职业教育与培训政策以及相关的就业结果，都与经济周期和国家机遇息息相关。政府和经济、产业利益之间的相互作用，为教育政策中相对匮乏的创新能力增添了一丝生机与活力。

很多政府愿意从国外引进职业教育与培训的课程和创新模式。德国学徒的"双元制"被广泛研究，并被各国加以创新，如法国的学徒制和英国的青年培训计划。澳大利亚也从国外借鉴了很多经验，比如根据法国就业税（taxe d'emploi）制定本国的培训担保税（Training Guarantee Levy）。目前，墨西哥政府正在使用澳大利亚的能力标准和培训包，指导本国开发基于能力的培训体系。中国职业教育与培训的改革正在借鉴德国（CEDEFOP Dossier，0/1995）、英国（Stoner，1999）、加拿大和澳大利亚的经验（Volkoff 和 Perry，1999）。

---

① 民族或单一民族国家并不一定具有同质性。民族国家内可能存在区域差异，苏格兰就是一个典型的例子（Keating，1999）。

② "国家变革"的案例包括：美国在里根政府执政时期、英国的撒切尔政府时期的国家课程。

③ 例如，在1996—1998年，德国颁布了100个培训规定，还有30多个在计划中（CEDEFOP Dossier，3/1998）。

较为常用的研究职业教育与培训的方法是比较法，最近这方面的研究文献大量涌现，政府也更愿意支持国际研究和考察项目。在地区层面，政府也支持国际研究机构，其中最著名的机构是欧洲职业培训发展中心（CEDEFOP）、拉丁美洲的泛美职业培训研究和文献中心（CINTERFOR）。经济合作与发展组织（OECD）、联合国教科文组织（UNESCO）以及国际劳工组织（ILO）也都存有大量的职业教育与培训的研究资料。

然而，职业教育与培训的比较研究是一项庞杂的工作。正如在最近的文献中所反映的，职业教育与培训的研究需要考虑经济状况，尤其是劳动力市场结构和情况。马斯登（Marsden）和瑞安（Ryan，1991）指出："国际比较的范围是受限制的……国家之间有足够的体制和文化的相似性才能使它们有意义……它们必须考虑机构，特别是有培训政策嵌入的机构……与其说它们为解决具体的问题而服务，不如说是帮助理解该解决方案的适用条件和制约因素。"

因此，我们的研究不是在职业教育与培训中寻求最佳实践，也不是为了找到可能适用于澳大利亚的创新措施。相反，它试图在这三个主要经济地区的少数国家中，从职业教育与培训的方向、问题和革新中提供一个全方位的概述。本研究试图结合历史和当代语境展开论述，需要考虑到历史、社会和经济因素，因为是它们塑造了职业教育与培训体系。同时也可以检验职业教育与培训在经济和政治压力下的发展状况。

我们得出了一些研究职业教育与培训的趋势和问题的相关结论，这些结论并不能直接拿来作为对澳大利亚未来职业教育与培训发展方向的建议。澳大利亚的教育与培训体系渐渐受到自己的体制结构和界限的影响（Malley等，2000）。诚然，在职业教育与培训体系领域开展国际比较研究非常有价值，可以帮助职业教育与培训的政策制定者全面考虑体系的目的、结构和方向，了解它们的一些局限性和潜在的改进空间，可以明确聚焦在影响职业教育与培训体系效果的变量：技能形成的能力、经费来源、教育公平以及对需求的反应性。

二、职业教育体系与变革

在最近几十年里，全球经济变化不断赋予职业教育与培训更多新的政策价值，对职业教育与培训的影响表现在多个方面。职业教育与培训被政府和企业视作提升劳动生产力、获取国际竞争力的主要手段，并被认为是解决失业尤其是结构性失业的工具。职业教育在课程的时长、内容、地点和授课模式方面具有很大的灵活性，这种显著优势受到各类学习者的欢迎。促进从学校教育到就业之间过渡的政策在近期又有了新发展（OECD，1998a），引起了国际学者对于职业教育与培训在学校教育及学校外教育中作用的研究兴趣[①]。职业教育与培训既可以提供适用于大多数雇主的通用技术，又可以提供具体企业的特殊技能，因此，它为那些因产业结构调整而失业的雇员们发掘了新的就业机会，尤其在经历过制造业衰退的国家作用明显，例如英国。发展中国家也有同样的经历，例如中国。

事实上，变革的影响已然超越经济领域，还深刻影响工作模式和组织形式，并且增加了在产品和服务、行业和经济方面竞争的复杂性。同时意识形态相比过去几十年也变得更加灵活和多元。所有的经济体正在经历这些变革的影响，而职业教育与培训正是政府和企业在经济和社会领域所做出的积极应对。中国从计划经济向市场经济转变对社会团体、地区以及教育和培训体系意义深远，但在经济增长的同时，也出现了巨大的区域差异，这一问题亟须政府解决。20世纪70年代和80年代，德国和日本是经济标杆，然而最近它们面临着新的压力，人们对它们所建

---

① 根据经济合作与发展组织的预计，1992—1996年，对于所选的国家而言，包括澳大利亚，从义务教育到全职工作的过渡期将平均增加两年。

立的产业结构和社会、文化之间关系的长期可持续性存在质疑。类似的关于技能形成及其潜在价值的问题也正在新加坡出现。

英国和美国的新自由主义的方法似乎已经推动其经济进入增长模式，效果要胜于那些以"社会契约"为基础的北欧经济体。但是新自由主义方式的经济如今正在面临经济下滑和日益增多的社会排斥等问题。有些人认为（Green and Sakamoto – Vandenberg，2000），它们潜在的技能基础存在长期问题。另外，法国在职业教育与培训部门继续使用国家干预的方法，结果喜忧参半。智利在教育和培训领域推行激进举措已有几年，但对于其有效性和结果的评价莫衷一是。墨西哥在教育和培训领域的改革堪称典范，改革对传统的价值观和架构形成了强烈冲击。

第三节　国际视野中的职业教育体系

一、系统化

不同于私人和教会提供的教育，政府对于中小学教育的干预通常是很系统化的（Archer，1979）。教育史学家们（如 Ringer，1979；King，1976）普遍认为，教育是"供给导向的"，格林（Green，1990）表示，教育体系确实体现了国家建设的需要，但还没有发展到针对企业的需求。

吉尔（Gill）等人（1988）在他们关于职业教育与培训体系的比较研究中得出了这样的结论：劳动力市场中"需求方的压力"一直是推进职业教育与培训改革的根源。事实上，虽然需求方对职业教育与培训产生一定的影响和压力，但更为强烈的影响常常来自职业教育与培训的供给方：制度的结构和实施、职业文化、管理和经费等。澳大利亚的技术和职业教育与培训（TVET）起源特殊，国家的支持或干预一直是最少的（Murray – Smith，1965）。英国的职业教育有类似的经历（Senker，1992）。在美国，国家在职业教育方面的干预历史很短，大致可以追溯到 1990 年的《珀金斯 Ⅱ 法案》（Perkins Act of 1990）。在欧洲，尤其是在日耳曼（德国、丹麦、瑞士和奥地利）学徒导向的体系，职业教育与培训一直是商业的社会合作伙伴（social partners）和工会的结晶，而国家管理的职业教育与培训通常设置在中学教育体系内。除了技工学校已与入门级就业和培训挂钩之外，中等技术教育用于区分技术类人才与学术的、大学导向的学生，是大势所趋。

国家对职业教育尤其是继续职业教育投入的资金比例少于普通学校和高等教育，但我们的研究发现，在过去 20 年里，政府的介入日趋增多（Gill 等，1998；OECD，1999）。从历史角度看，这意味着在一系列国际环境的变革下，政府对职业教育越发关注，出台了大量相关的法律文件，进行了很多行政干预。

在我们考虑这些情况之前，从国际视角厘清职业教育与培训非常重要。职业教育与培训可以通过多种方式与普通教育进行区分，包括制度形式、路径；也可以通过不同理念加以区别，前者侧重实际应用型教学，后者偏向抽象的学术学习。就澳大利亚而言，两者在制度上进行了清晰的划分。国家培训框架明确指出，职业教育与培训是以能力为基础的学习，并有一系列的规章制度对教育成果进行认证管理。同时由独立的职业教育与培训管理机构对其进行监督。英国的情况类似，但运作起来更复杂。德国的职业教育与培训是附着在学徒的"双元制"之上的。在其他大多数的教育体系中，职业教育与培训主要是针对那些大学之外的项目或学校之外的项目。出于这个原因，很多国家，特别是法国等欧洲国家使用术语"TVET"将"技术与职业教育和培训"同"学术教育"相区分。

欧洲国家普遍将职业教育分为初次职业教育（IVT）和继续职业教育（CVT）。初次职业教育通常由国家管理，大多由国家资助，可以通过职业教育与培训机构或各种形式的学徒制获得。"学徒"概念在国际上应用也比较广泛。学徒的范围可以从基于就业的（employment – based）项目到基于提供者的（provider – based）项目，同时也包括二者的混合。甚至德国的"双元制"也日趋差异化，因为它要适应产业和劳动力市场状况的新环境（CEDEFOP Dossier，1/1997；3/1997；2/1998；2/1999）。

广义上的继续职业教育是就业后的。法国、日本和墨西哥的继续职业教育与正规教育体系相比，在制度层面有着本质的不同。法国和墨西哥的继续职业教育局隶属劳动部，而非教育部。有的继续职业教育本质上是非正规的（日本），或高度正规的（德国），但在其他国家它是两者的结合，如美国的工作者就频繁返回到各种各样的教育和培训中（Arum 和 Hout，1998）。此外，墨西哥和智利都有正规的培训部门（Fluitman，1995；Keating，1999），经常是由非政府组织（NGO）进行培训，对就业前后的基本技能的形成做出了重要贡献。

我们的研究需要包容多样性的存在。我们在研究中发现，想要在各国之间进行统计性的比较是非常困难的。例如，经济合作与发展组织提供了每个年度每个成员国 16~18 岁人口就读于普通教育和职业教育的百分比。该比较的结论的准确性就值得商榷，比如在它的统计当中，法国学生攻读技术学士学位的被列为"职业教育"，澳大利亚就读于职业教育学校的学生则被列为"普通教育"①，显然是有问题的。

我们对所选的九个国家中的职业教育与培训进行了详细介绍，各国的侧重有所不同。我们需要通过比较分析确定每个国家职业教育与培训体系的构成、影响以及发展。所得出的体系特征则反映了我们的讨论过程以及结论。其中重要的是从这些不同的体系中识别出职业教育与培训的共同的主要元素。当然，不同的方法和趋势对于比较分析也非常关键。

---

① 由欧共体所提供的数据来源于调查研究，因此可能准确性更高（见附录表9）。

二、分类

(一) 初次职业教育

确定初次职业教育在职业教育中的定位十分重要，因为大多数国家和澳大利亚一样，职业教育和非职业教育之间没有明确的制度界线。许多国家（如德国、墨西哥、新加坡）学校的学生在比较早的年龄（14 岁或以下）就被分入职业技术流。职业流主要被描述为"一般职业"，并相对较早地进入劳动力市场、学徒、中等教育的技术和职业课程或高等教育。最近这些职业教育体系中（如墨西哥）流行一种趋势：不同的路径之间的选择有更大的灵活性，学生在职业教育和普通教育之间流动更为便捷，高等教育也为职业流的学生进一步深造和培训提供了更多的机会。鉴于初中课程大多被视为主流教育体系的一部分，我们的研究假设职业教育与培训开始于高中或 16 岁以上。

拉弗（Raffe，1993）将后义务教育和培训体系，也就是初次职业教育体系分为三种类型：基于提供者的体系（provider–based），基于工作的体系（work–based）以及二者的混合。基于提供者的体系的特点是依靠教育和培训体系为工作者提供入门级技能。基于工作的体系将这个责任很大程度上留给了企业或工作场所。混合体系结合了这两种方法。我们将横跨三个区域的九个国家分类如下：

地区	基于提供者	混合	基于工作
欧洲	法国	英国	德国
亚洲	新加坡	中国	日本
美洲	美国	墨西哥	智利

法国教育领域大量的公共投资表明（见附录表 7），国家为了提供专业的培训而建立了多元化的职业教育与培训体系，多少带有拿破仑

传统的色彩。虽然美国和新加坡在基于提供者的教育方面的公共支出并不高，但是它们拥有大量的私人投资。在德国，初次职业教育与培训受"双元制"主导。日本的初次职业教育由企业负责（Sakamoto-Vandenberg 等，1998），虽然这种培训大多是非正式的，但是成效较为明显。智利培训市场自由化，企业和个人共同肩负起初次职业教育这个重大责任。

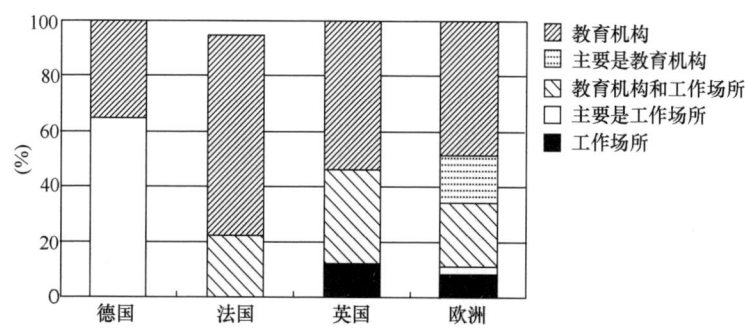

资料来源：EC，1998.

图1　1993—1994年欧洲初次职业教育的实施场所

英国提供了这两种类型之间的"混合模式"（Raffe，1992），即给予提供者的普通学术类的职业项目和基于工作的培训项目。中国早期的初次职业教育结合了国家职业学校体系（收取学费）和国有企业的初次职业教育项目，私人培训市场还没有出现。墨西哥建立的是国家扶持的职业学校，但它们为企业提供入门级技能的作用并未显现（World Bank，1995），个别企业自己承担入门级技能形成的责任。欧洲的职业教育与培训体系类型可以进行统计比较①。

我们发现，职业教育与培训体系在迥然不同的邻国之间却具有相似的产业基础，这表明关于"产业需求特征决定了职业教育与培训体系特

---

① 其他两个地区无法进行比较，因为它们义务教育后的参与水平不一致。

征"的假设难以成立。实际上,各个国家职业教育体系特征的成因是很多的。

拉弗(Raffe,1990)进一步用一套类型学方法来描述义务教育之后的教育和培训形式之分化:统一的(unified)、二元的(binary)和多轨的(multi-tracked)。统一的体系往往会直到学校教育的最后一年才进行形式分化和追踪。二元体系在学术流和职业流之间有相对明晰的划分。多轨体系提供了各种类型的路径,既有相对狭窄或严格的路径也有灵活的形式。我们可以大致将九个体系分类如下:

地区	统一的	二元的	多轨的
欧洲	法国	德国	英国
亚洲	日本	中国	新加坡
美洲	美国	墨西哥	智利

我们要再次强调这些分类带有主观性质,只能将其用于分析目的,以便在重大的社会和经济变革压力下有效地阐释职业教育与培训体系。变革是所有体系的一个特点,然而,日益加剧的国家干预则显示出职业教育与培训体系应对新环境时的捉襟见肘。

自从20世纪70年代中期的哈比(Haby,1995)改革以来,法国一直致力于建立一个学历框架,并将其作为劳动力市场准入的基准资格。这个资格处于法国教育框架中的第四级,包括职业和技术流。它与一些更清晰的职业项目并行不悖。而日本的教育体系是基于学校的层级结构,包括职业学校在内,都在为维持体系的统一或平等而不断努力(Sakamoto-Vandenberg等,1998)。相对未分化的高中和本科模式在美国占主导地位。英国选择了学术、国家普通职业资格(GNVQs)和国家职业资格(NVQs)

三方模型①；新加坡开发了相对分化但紧密衔接的路径。智利在管制相对宽松的国情下实施了多种轨道。德国的大学导向项目和"双元制"呈现出明显的二元划分（虽然最近频繁趋于更大的灵活性，例如 CEDEFOP Dossier，3/1997）。墨西哥和中国在课程和学校中都建立了典型的学术和职业的二元划分，而中国最近在教育体系领域进行了一些新的探索。

（二）继续职业教育

初次职业教育中使用的类型学和分类法并不适用于继续职业教育。继续职业教育有不同的模式：在职和非在职的培训；正式和非正式的培训；由国家、公司、工会、组织或个人提供资金发起或提供的培训；认可的或未经认可的培训。它受到初次职业教育的有效性和性质、法律法规、集体协议、企业和社会传统等因素的强烈影响（Maurice 等，1988）。同样也与经济结构和企业的规模、架构及所处行业领域等因素有关。经济体和企业的财务结构、企业之间关系、所有权模式、企业投资结构以及与财务收益相关的压力，这些都会对企业投资培训的意愿造成影响（Finegold 和 Soskice，1988）。

对继续职业教育的进一步影响来自于劳动力市场的结构和运行情况。员工的低流动率易于减少企业培训的抑制因素，反过来流动率又受劳动力市场细分模式的左右（Ashton 等，1993；Ashton，1997），而市场细分模式常常被监管结构（德国）和内部劳动力市场、职业劳动力市场（Marsden，1997）所推动。同时，移民形式也是一种影响因素。澳大利亚和美国已经将外来劳动力作为替代技能发展的方式之一（Withers，

---

① GNVQ（General National Vocational Qualification）的课程旨在开发多种职业领域都需要的一般技能、知识和理解力。英国出台这一课程的主要目的在于给学生提供一种宽泛的教育，使他们能为就业或者继续完成中等后教育打好基础。NVQ（National Vocational Qualification）是与特定就业岗位工作相关的实习资格证书，由雇主、工会和专业机构设置。每一级证书都以实际操作能力为基础，并不限制获得相应级别所需的时间。——译者注。

1989）。

早在20世纪90年代初，继续职业教育中"培训文化"的概念就被写入了澳大利亚的"国家培训改革议程"中，但并没有在国际上达成共识。下面通过对德国、日本和美国三个体系案例的简要分析说明培训文化有不同的形式。在德国，历时弥久的行会传统和对技能手艺的尊重为"双元制"提供了文化基础，同时德国的体系也离不开劳动力市场中社团主义（corporatist）[①] 结构（Green 和 Sakamoto-Vandenberg，1999）的支持，它对职业教育领域起到一种监管作用，不仅有利于企业投资培训，还有利于个人继续深造，进一步推动了"双元制"在劳动力市场、企业和行业中的蓬勃发展。在日本，社团主义传统这种监管的框架阻碍了培训文化的发展，而"高度信任"的社会传统（Fukuyama，1995），非家族团体的团结，更平等的社会和阶级结构（包括平均的收入分配，见附录表8）反而助推了企业集团（keiretsu）、终身雇佣制（nenko）和国内就业市场的强劲发展（Green，1999）。相应的员工的低流动率和其对公司的高忠诚度促进了培训和技能的形成（Dore 和 Sako，1989）。

在过去的20年中，德国和日本这两个经济体在培训文化的发展中树立了两个极其重要又各不相同的标杆。然而，美国已经超越德国和日本的发展，"美国拥有最高的全要素生产率"，"劳动力几乎是所有经济体中最高效的"[②]（Green 和 Sakamoto，2000，p.2）。在劳动力市场竞争激烈和劳动力迁移的背景下，持续的技能形成主要是个人责任。相比日本或德国，美国工人更倾向于参加公司外的培训进行深造（Arum 和 Hoult，

[①] 社团主义国家是把社会团体（如企业、职业组织、教会等）作为组织社会的基本单元。个人的权利、福利和社会保障等主要依附于这些社会团体。国家只有在这种社团的保障覆盖不足的情况下才会提供补充服务。在社团内部成员享受充分的"社会权利"，福利保障稳定。但是福利待遇根据所属的社团不同而不同。——译者注。

[②] 见附录图3，日本的劳动生产率非常高，但是与美国相比，日本只局限在较小的产业领域。

1998）。

继续职业教育也受国家干预的影响，而国家干预又受到意识形态的作用。国家在继续职业教育中扮演的不同角色类型有：德国和其他北欧经济体中的新社团主义（neo-corporatism）①，澳大利亚的霍克工党政府与工会理事会（ACTU）的利益相一致，对新社团主义十分关注；法国中央集权主义；新加坡的家长主义（Green，2000）；英国新自由主义；美国的小政府；智利的私有化等。

在我们研究的所有的体系中，国家干预都出现了一些新的倾向，国家的作用已经或正在发生变化。法国中央集权制由于面临区域化的压力（CEDEFOP Dossier，2/99），便鼓励更多私营部门参与（CEDEFOP Dossier，3/1997；2/1998；3/1998）。20世纪70年代，英国成立了行业培训董事会，董事会在行业部门的基础上有选择地征收培训税。后来撒切尔政府取消了董事会，但随后又被布莱尔政府重新提出（CEDEFOP Dossier，1/1999）。德国政府正不断面临来自企业的压力，企业希望逐渐淡化"双元制"的一些元素和原则（CEDEFOP Dossier，2/1998）。

在美洲，自从《珀金斯Ⅱ法案》颁布之后，美国政府做出了很多前所未有的"干预"。智利的皮诺切特政府取消了拉丁美洲传统的培训税模式，引进了对职业教育与培训的高度放权和私有化的方法（Middleton，1993；Gasskov，1989）。而此时，墨西哥政府则处于需求主导的重重压力之下（World Bank，1998）。

日本计划在国内就业市场建立可持续发展的培训文化，然而随着终身

---

① 第二次世界大战后的欧洲重建期间，社团主义受到保守党、社会民主党等的拥护，用以反对自由资本主义倾向，后来社团主义逐渐没落，但在20世纪60年代和70年代，为了应对经济衰退和通货膨胀，社团主义复苏，称为"新社团主义"。"新社团主义"主张三方经济模式，包括强有力的工会、雇主和涵盖政府在内的"社会伙伴"，他们通过谈判和协商的方式对国家经济进行管理。——译者注。

雇佣制和次级劳动力市场①的缺陷日渐凸显，这一计划的实施充满不确定性。中国政府在大型国有企业及其统分统配、"铁饭碗"被打破的情况下，正面临着如何开发继续教育与培训的问题。曾经造就新加坡经济奇迹的家长式中央集权，对于如今的创新者、冒险家和企业家的发展显得力有未逮（Lim Swee Say，1998）。

企业和个人对继续培训的投资预算差异明显，在国家强制干预下容易导致通货膨胀，甚至误入歧途，法国的工作税就是一个典型的案例。我们没有查到可供比较的国际数据，但欧共体（EC）数据提供了有趣的比较。

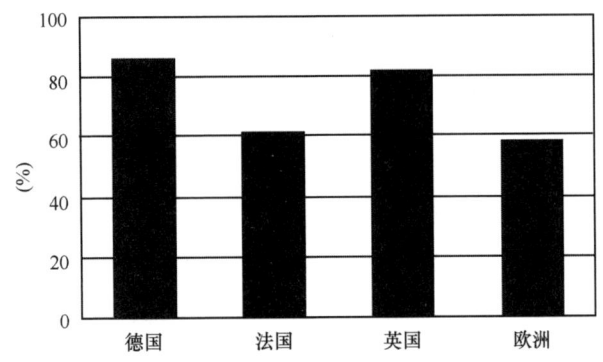

资料来源：EC，1998.

图 2　1993 年欧洲各国企业提供的继续职业教育

图 2 显示，1993 年德国、法国、英国三个欧洲国家中提供继续职业教育的企业所占比率，其中德国数字非常高。然而，图 3 显示了在同一年英国的企业投入在员工继续职业教育方面的资金占员工总支出的比重远高于其他欧洲国家，特别是德国。英国的大量文献总是诟病英国技能形成过程

---

① 根据二元劳动力市场分割理论，劳动力市场存在主要劳动力市场与次要劳动力市场的分割。在主要劳动力市场中，劳动者收入高，工作稳定，工作条件好，培训机会多，有良好的晋升机制；而次级劳动力市场则与之相反，劳动者收入低、工作不稳定、工作条件差、培训机会少，缺乏晋升机制。——译者注。

和水平，包括继续职业教育在内（如 Finegold and Soskice, 1988），特别是认为英国缺少技能文化（Weiner, 1981）[①]，但图3的数据恰恰对其形成有力回击。事实与认识之间形成如此强烈的反差，其根源恐怕还是由于对继续职业教育与培训文化难以给出恰如其分的定义和定位。评估一个经济体的技能形成，需要了解初次职业教育和继续职业教育之间的界线、宽泛的教育标准和成果之间的关系，企业技能水平、技能类型以及教育的分布和技能在全部劳动人口中的分布。

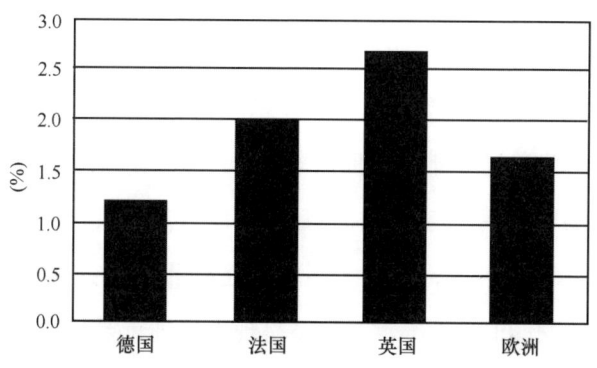

资料来源：EC, 1998.

图3　1993年企业为员工职业教育投资占员工总投资的比例

例如，格林（Green）和斯蒂德曼（Steedman, 1993）认为，英国教育水平比不上德国、法国、日本和美国。这就使得行业的技能形成基础较弱。英国初次职业教育情况更不容乐观。英国底层40%的学生受教育水平明显比不上竞争对手，随着英国初次职业教育与其他类别教育水平的不对称性加剧，此境况将更加严重。在这种情况下，英国企业将很可能在继续职业教育上加大投入。

另外，通过对英国和德国青年的比较研究，宾纳（Bynner）和罗伯茨

[①] 国家经济社会研究所进行了大量的比较研究，认为英国的技能形成过程和标准与其他国家如德国、日本和法国相比，水平较低（如 Prais, 1987）。

（Roberts，1991）发现，英国青年在创新性、适应性、主动性和解决问题等企业需求的技能方面更胜一筹。在全球化的背景下，这些技能的发展对于日本、德国和新加坡等各经济体都是一个棘手的问题。而这些国家此前一直以他们的技能形成的过程和水平以及拥有促进经济公平的社会契约为骄傲。

对众多国家的职业教育进行比较研究，需要考虑广泛的社会和政治背景，以及职业教育与培训体系中要素之间的关系及其与整个教育体系之间的关系。职业教育与培训体系是民族传统、社会/行业契约（书面或口头的）、经济结构和产业结构以及政治选择和方向的体现。这样说来，国家的大小或社会成员的规模对职业教育与培训的直接作用非常有限。所以，考虑哪些变量会影响职业教育与培训体系的发展方向就显得十分必要。

（三）职业教育与培训和"回流教育"

一些国家的职业教育与培训体系还为那些过早从教育体系中分流出来的或没有完成普通教育的人，提供了回流到正规教育的途径。特别是澳大利亚、英国和美国的职业教育与培训体系呈现出这种重要特征。公平问题在教育领域长期存在，相对于高等教育，职业教育与培训能更好地服务于弱势群体。同时，职业教育与培训被认为是解决失业人口问题的基础。因为它拥有多样性、灵活性、模块化和短期项目以及与劳动力市场关联紧密等优势。

新的教育政策方针强调终身学习，也暗含了职业教育与培训，因为它更容易惠及更大比例的人口。这也促使新的政策更加关注职业教育与培训和高等教育之间的联系。

三、变量

（一）职业教育与培训经费

职业教育与培训是一种相对昂贵的教育形式，尤其是跟中等教育相比（Gasskov，1989）。正如之前提到的，国家对职业教育与培训的投资兴趣远比不上学校教育和高等教育。特别是在强烈的自由主义哲学盛行的国家，例如英国，一直不倾向于投资经济基础设施。澳大利亚也是同样的情况，国家很早就声明要减少在职业教育与培训方面的财政支出（Spaull，1989）。随着职业教育规模的扩大和教育的整体扩招，各国政府都面临着为职业教育与培训多方筹措资金的巨大压力，同时还有来自失业率上升的压力，尤其是年轻人失业。格林等人（2000）认为，针对失业人员的职业教育与培训项目的资金投入几乎是无底洞，与此同时，终身学习的发展将对继续职业教育与培训的资金投入产生一定挤压。

职业教育与培训经费的投入模式受到类型的左右。初次职业教育，特别是那些主要分布在学校体系中的初次职业教育，往往由国家资助，例如墨西哥和中国。但由于国家财力不足，这部分经费往往通过遴选（墨西哥）、收取学费或两者兼有（中国）的方式提供。德国职业教育的成人参与率很高，加之其保留着社团主义和社会民主的传统，因此德国的教育成本一直维持在相对较低的水平①。这主要是通过企业承担70%年轻人的学徒职责来实现的。在美国，私人投资主要分布在高等教育，职业教育与培训的学生参与率很低（见附录表9）②。澳大利亚的中等教育中私人投资份额最高，大约占到9%，超过了所有的经合组织成员国。

基于学校的（institution-based）初次职业教育，主要经费来源是国家或个人。一些国家（美国、德国、中国、日本、墨西哥和智利）投资中涉及多级政府机构，十分复杂③。长久以来，各级政府对职业教育与培训的拨款水平都很低（法国的中央集权传统是例外）。倘若依赖学费，它的作用非常有限，一则居民的收入很低（中国），二则公众认为职业教育与

---

① 在所有的经合组织成员国中，德国的高中及以上的受教育人数最多（OECD，1997）。

② 1993年，美国高等教育的私人投资与公共投资基本持平，超过了其他所有的经合组织国家。经合组织的平均值只占其20%（OECD，1997）。

③ 在一些发展中国家，国家和当局通过不断地建立新项目，采取改革措施等，加强对教育的支持。

培训回报率很低（墨西哥）。此外，高水准的劳动力市场管理（新加坡和德国）能有效增强私人和企业投资。但如果中央管理的公共培训机构占领培训市场，那么私人投资也难以实现。

拉美国家中常见的经费来源（拉美模式）是对企业征收各种名目的税费。其中最普遍的是征收用于建立培训基金的工资税，其原本目的是支持企业培训。然而，由于资金主要用于支持政府机构、就业前的培训和失业者的培训或者转为一般的政府税收（UNEVOC，1998；Middleton 等，1993）[①]，这种模式的实际效果并不显著。

在这种模式的基础之上，更为人称道的是各种形式的匹配拨款计划（matching grant schemes）（Crisafulli，1998）。有的是通过一般的税收进行补贴支持（英国），有的将企业税收用于鼓励雇主提供入门级的培训场地，还有的直接被用来鼓励雇主提供继续职业教育（新加坡）。

继续职业教育的经费来源通常包括国家、个人和企业。绝大多数政府都在致力于促进个人和企业对培训的投资。政府往往由于继续职业教育成本高、专业化程度高、设备陈旧等问题而不愿意对其投资，个人和企业的投资主要面临回报率低的问题。低回报率的成因有很多，例如，无论是在正规的晋升奖励机制中还是非正规的系统中，职业资格证书的地位普遍不高，导致职业教育与培训在劳动力市场缺乏认可度；企业害怕技术工人被"挖墙脚"（poaching）；企业的财务结构更偏向于应对短期而非长期的压力；培训市场质量不高并且缺乏相关规定。

国家传统也是影响继续职业教育经费投入的因素之一。例如，美国政府历来对经济基础建设领域（见附录表7），例如运输和公共设施，采取不干涉的策略，相应地，对继续职业教育投资也并不高（King，1976）。与此相反的是，美国政府对学校教育的投资高度重视。法国和新加坡的政

---

① 危地马拉是一个范例（见 Keating，1999）。

府对继续职业教育较为关注，而德国的社会合作伙伴在职业教育中起到了十分积极的作用。

为了克服这些障碍，有关国家政府采取了各种对策。新加坡上调了工资水平，以鼓励企业雇用高技能工人，加大培训投资（Green，2000）。德国强化对劳动力市场和企业用人的管制，各类工作都需要取得相应的资格证书，以满足职位需求，"师傅"（meister）职业资格应运而生[①]。英国大力提高职业教育与培训资格的认可度，包括建立资格认证框架，实施课程改革和树立行业领导力，加强行业管理。智利为建立私人培训市场而实施了激进的措施，将职业教育与培训体系管理实施了私有化。墨西哥将澳大利亚模式视为产业发展能力标准模型（规范），希望借此获得更多企业参与。英国和智利均在使用培训"教育券"（voucher），并将其作为刺激培训市场的一种机制（Carnoy，1998）。

各国政府已考虑对企业采取强制措施，要求企业为员工提供培训。新加坡的税收政策中已有体现。法国工作税和学徒税存留已久但一直争议不断。德国社会民主党政府提出，提供培训的企业将优先获得与政府合作的机会（CEDEFOP Dossier，2/1999）。英国政府即将实施与"志愿主义"传统相悖的强制形式（Layard，1993）。同时，各国政府还采用各种强制措施鼓励个人进行培训，不过这主要适用于失业员工，英国的"新政"项目就是最近的实例之一（CEDEFOP Dossier，1/1999）。

（二）职业教育与培训认可

职业教育的课程和资格证书的社会地位一直不高。很多初次职业教育的学生转向学术流成为困扰职业教育已久的难题（OECD，1999），对初次职业教育占中等教育比例较低的国家（日本、墨西哥、新加坡）来讲，这

---

① 在过去，这个体系主要靠大量的低薪外来劳动力支撑。高失业率（见附录表7）使得外来劳动力减少，并且对高度管制的德国劳动力市场产生很大压力。

个问题更为突出。欧洲职业培训发展中心（CEDEFOP）官员（Keating, 1994）认为，如果想让职业教育不被贬低，可以将高中阶段的学术教育人数比例限制在40%以内，德国和英国就是这样做的。

各国政府都在尝试各种方法以解决初次职业教育与培训认可度偏低的问题。目前出现了一种将职业课程广义化（generalising）的趋势（OECD, 1999）：例如，英国的国家普通职业资格证书和苏格兰国家职业资格证书（GNVQs／SNVQs），包含初次职业教育、职业和学术两种教育的核心或关键技能（Werner, 1995）。在中国、德国和墨西哥，课程改革被视为提高企业和用户认可度的一种途径。为了平衡学术和职业课程，一些国家已经建立资格框架，如英国、法国，甚至整个欧洲（CEDEFOP, 1991）。初次职业教育不仅自身具有很大的灵活性，还为职业通道和学术通道之间提供了更大的灵活性（德国），一些国家（法国、墨西哥、中国）已于近期宣布实施或已经实施措施确保学生通过初次职业教育进入高等教育。法国的中学毕业会考（baccalauréate）分为普通、技术和职业类，与美国高中的职业课程分类和专业方向有一定的相似性。墨西哥的高中（bachilerrato）也分为普通流和技术流。

职业流的学生在就业市场上的表现通常比不上学术流，因此一些国家正在采取措施建立初次职业教育课程与工作场所之间的联系。这些措施在欧洲日耳曼国家确实收到良好的成效，学徒制中年轻人的就业率明显好于成年人（见附录表3）。"工学交替式培训"（alternance）的概念经常出现在欧洲的培训术语中（CEDEFOP Dossiers 和 CEREQ Briefs）。这是一个非常有用的概念，它代表了学校教育和工作之间的正式联系与交流。

在监管框架之外，继续职业教育一直鼓励使用行业开发的标准（墨西哥、英国），通过正式的或更灵活的认证形式来推广认可度（法国）。

最近，各国已经意识到出现了"资格证书市场"。之前资格证书一直在大学的高等学历中流行，如今在职业教育与培训领域也开始拥有广阔的市场。很多发展中国家早已引进了国际（英国、德国）资格证书。最近国外的证书也开始渗透进欧洲市场，同时市场上也出现了私人资格证书，特别是在信息技术行业，如微软和思科。

（三）职业教育与培训管理

和澳大利亚一样，其他国家对职业教育与培训体系的管理也存在很大差异（法国和墨西哥）。教育部对基于提供者的初次职业教育承担责任，而劳动或就业主管部门主要负责继续职业教育。然而目前出现了一种整合趋势，如英国资格证书管理的官方部门已经进行了合并。中国也在教育部的统筹下对各种项目进行合并。

只要存在权利的分割，管理风格就会存在差异。由法国教育部统一集中管理的职业教育项目，就与劳动部统筹下的继续培训项目大相径庭。所谓的灵活性从法国的一些地区推广英国国家职业资格（NVQs）的现象中可见一斑（CEDEFOP Dossier，1/1998）。

尤其是在继续职业教育领域，职业教育与培训的管理形式要适应企业的所有权形式而变化，已然成为共识。在德国，职业教育与培训的管理在国家一级主要由德国联邦职业教育与培训研究所（BIBB）执行，地区一级则由行业商会进行。英国也在尝试逐渐对行业放权，由职业教育与培训的地区培训和企业委员会（TECs）[①]以及最近兴起的区域发展委员会实施管理（CEDEFOP Dossier，3/1998）。智利的措施最为激进，职业教育与培训的管理以及培训市场，都实现了有效的私有化。

（四）劳动力市场和产业结构

劳动力市场和职业教育与培训之间的关系，既显而易见又纷繁复杂，值得在研究中详细讨论（Pottier，1991）。其中，劳动力市场的变化是影响职业教育与培训国际动态的主要因素之一。事实上，在竞争激烈的国际环

---

① 这些正在逐渐被区域学习和技能委员会取代。

境中满足企业需要的技能和降低失业率是两个与劳动力市场变化密切相关的因素，也是推动职业教育与培训政策发展的主要动力。同时，职业教育与培训的体系也受到劳动力市场结构和行为的强烈影响。多尔蒂（Dougherty，1987）认为，德国"双元制"与其说是一个技能形成体系，不如说是一个以支持青年成功就业为目标的大的劳动力市场项目。

拉弗（Raffe，1990）认为，在教育和培训体系与劳动力市场之间存在着反向影响。卢茨（Lutz，1981）在对法国和德国职业教育与培训体系进行历史的、比较的研究中，得出了"教育体系对就业结构有很重要影响"的结论。两国教育体系都是历史、社会和政治的产物（Maurice 等，1988），而劳动力市场在其中被塑造成不同的形式。青年的工资、职业结构及其相关的制度安排等一些因素，并非都是劳动力市场固有的，至少有一部分来自政治和社会建构。事实上，英国政府（现在澳洲政府亦如此）通过立法和行政手段，包括建设职业教育与培训体系，排除政治因素和社会阶层的影响，试图从根本上重建劳动力市场，这一行动已初见成效。

九个国家的劳动力市场类型各式各样。中国经济经历了从以农村经济为主到以服务业为导向的城市经济的转变。一些发达国家则拥有更具特色的劳动力市场类型。例如，用阿什顿（Ashton，1992）提出的三种类型进行分类，德国的劳动力市场可以描述为职业（occupation）类，日本（以及程度较轻的法国）的可以描述为企业内部（firm internal）类，而法国和美国的则属于外部劳动力市场（external labour markets）类。同一类型内部也存在很大差异。例如，法国内部劳动力市场比日本的层级更多，因而倾向于内部晋升。相比日本和德国的企业，这些反而是低效和重复的层次结构（Maurice 等，1988）。

不同类型的劳动力市场面临的压力不同。法国劳动力市场的结构更容易导致青年的高失业率和高通货膨胀率（Dore，1997），不利于提高劳动生产率。全球的专业化日趋灵活，产品及行业变化迅猛，导致德国的职业分类面临持续不断的压力（Piore and Sabel，1984）。另外，来自外部劳动力市场和放松管制的压力，导致兼职和临时工增加，而他们主要属于次级劳动力市场。各国政府在这些问题上面临着抉择。

发展中国家的劳动力市场同样复杂。非正式的劳动力市场是它们的特征之一，例如，中国的非正式劳动力市场正在飞速增长。农村就业减少和城市就业增加也是一大特征。人口问题是它们发展过程中的巨大挑战。中国、墨西哥和智利近期都面临着劳动力数量上涨的问题。但在计划生育政策下，中国劳动力不久后将呈现下降趋势（虽然劳动力将在未来几年中继续增长）。墨西哥也在降低出生率方面取得了骄人的成果（World Bank，1998）。一些发达国家，特别是德国，即将面临工作适龄人口下降的问题。

（五）全球经济变化和职业教育与培训

从教育体系初级阶段即开始的教育扩张（19世纪后期）并没有直接导致企业的技术变革。技能型劳动力仍主要以贸易为基础，大多数工业劳动力受泰勒和福特主义管理方法引导，往往是低技能的。在这种情况下，只有精英才会获得先进知识（Hobsbawn，1969）。现在提供职业教育与培训的大教育系统正是在这段时间、这样的背景下发展起来的。当前，在全球经济变化的环境中，职业教育与培训体系面临新的挑战，劳动力市场、企业结构和实践亦是如此。在几乎所有的职业教育与培训体系中，传统结构与文化和"新"经济需求之间都存在紧张的关系[①]。

在过去的40年中，整个劳动力市场在大范围推进知识和技术，技能形成及人力资本的重要性愈发凸显。福特主义也在大规模推广。信息时代需要持续灵活的生产方式、产品创新和知识创新（Zuboff，1984）以及"学习型组织"和"全面质量管理"等相关理念。

在他人眼中，日本企业以它们的多技能训练、质量圈、无库存技术、

---

① 经合组织官员对新经济的影响表示怀疑，他们认为没有实际证据可以证明新经济会对劳动力市场或技能需求造成影响。

扁平化管理和多功能团队成功应对了新环境的挑战。正如格林（Green，1999）指出的，这些技术涉及日本的特殊文化和公司结构（见下文），并且不容易被复制。德国企业也凭借高技能形成的水平和生产高品质产品的能力蒸蒸日上。

（六）高技能和社会包容

近期，"全球化"新概念向经济和技能形成提出了新的挑战。很多组织包括国际组织围绕人力资源开发和培训作用的讨论十分热烈，认为在促进经济公平增长中，人力资源开发与培训如果不能算作决定性因素，起码也是一个主要影响因素，不仅个人和企业会从中受益，整个经济发展也收益良多（ILO，2000）。社会和经济包容性及经济体整体发展之间的联系是另一个热点问题，相关讨论主要围绕宏观经济政策和技能形成的过程、微观经济政策之间的关系展开。

格林和坂本（Green 和 Sakamoto，2000）根据高技能战略的主要特征大致做出了四种类型的假设：

- 高技能精英（美国和英国）。
- 高技能精英，高技能扩散（high skilled diffusion）和相对收入平等（德国）。
- 高技能扩散，相对收入平等和劳动强度及合作（日本）。
- 快速但不平衡的形成，高劳动强度及合作（新加坡）。

我们的研究显示，随着全球经济的"规则"快速变化，这些国家都面临着各自的挑战。在英国和美国，有限的技能扩散正在加剧就业模式和收入分配的紧张社会关系（见 Grogger，1998）。德国通过"双元制"支撑的高技能扩散面临解除管制，增加灵活性的压力。在日本，随着企业对创造性和自主性员工的需求增加，忠诚度的经济基础正在被逐步瓦解。处在中央集权文化下的新加坡经济，也面临着日益复杂的世界经济的各种考验。

劳动力的受教育程度、技能水平与经济绩效之间存在密切的联系，现已得到大多数政府以及企业合作伙伴的认可。近年来，国家财富和收入分配更趋于平等，特别是在像英国和澳大利亚这样的经济体当中。收入分配和经济竞争之间的紧张关系引起人们对社会包容话题的关注。鉴于职业教育与培训在技能形成和经济竞争中的显著作用，它往往成为促进社会包容的措施（Kirby，2000；Tucker，1990；DfEE，2000）。这就提出了国家在职业教育与培训中的角色定位的新问题，这个问题在20世纪80年代和90年代伴随着在行业领导下大力推动技术和职业教育与培训的整个阶段尤其明显。国家角色的问题，通常伴随着个人权利和义务的问题。最近在英国和澳大利亚推行的"相互责任"的概念，在欧洲也正悄然兴起。

20世纪90年代早期，欧洲共产主义制度解体后的社会民主党的合作主义模式在超强冲击下的表现得到某种程度的关注，该模式在丹麦等一些国家的成功重组似乎也激发了欧洲其他地区采取类似的办法。

很多学者（如Porter，1990；Reich，1991；Streek，1997）认为，在后工业时代，许多国家面临工业政策及社会政策的性质选择问题。一种论断认为，无论是为工人提供高技术、高工资，从而依赖产品的高品质和创新获得竞争力，还是通过低工资和低成本赢得市场，这些不同的政策中都存在一种基本的选择。这种选择是受意识形态影响的，同时有着降低成本提高利润的本质。雷本（Regini，1995）提出各国正在采取不同的路径，包括市场保护、通过收购促进经济增长、努力争取垄断权力、削减成本和新形式的福特主义。基普（Keep，1999）认为，福特主义在英国的发展良好，同时他认同芬戈尔德（Finegold）所提出的低技能平衡（low skill euilibrium）理论[①]。他提出，福特主义已经转移到服务行业如零售业和银行，

[①] 芬戈尔德（Finegold）和索斯凯斯（Soskice）在1988年提出的低技能平衡理论认为，考虑到短期金融市场、对立的劳资关系以及市场中的低技能现象之后，任何有理性的经理人在运营组织时都会采取一种"低端"路线。因此，英国社会的机构普遍加强了对低技能的需求，大部分的公司经理人未经过专业培训，招聘的工人也只需要提供质量低劣的产品和服务。——译者注。

而且英国的国内市场工人薪资普遍较低,因此生产的大多是低质量的产品。在低技能经济中,大多数企业坚持寻求低成本、低技能的员工,很少投资培训和研发,并没有受到可持续的供应方的培训路径的影响。在过去的 20 年,由供给方提供培训一直是英国历届政府所追求的目标。在 20 世纪 80 年代初,英国政府对需求方的最后一项干预,通过解除工业培训委员会终于画上句点。

从当前经济形势中可以看出,美国和英国的做法对于经济大幅增长和失业率下降卓有成效。格林和坂本(Green 和 Sakamoto)指出,这是一个有点儿周期性的现象,高技能精英的路径掩盖了就业不足,主要表现是兼职和临时工的需求日益增加,同时也给社会和经济带来一些不良后果[①]。

尽管经济在增长,但美国和英国的工资差距也在扩大,差距拉大的速度快于包括德国在内的其他国家。同时,正如表 1 所示,失业率也经历了大幅增长。这与早期的分析一致(如 Finegold 和 Soskice,1990),即英国的政策,特别是 80 年代以来,一直偏向低技能的方向。

表 1　20 世纪 80 年代和 90 年代四国的工资分布

	收入的第 9 分位与第 5 分位的比值		收入的第 1 分位与第 5 分位的比值	
	20 世纪 80 年代初期	20 世纪 90 年代初期	20 世纪 80 年代初期	20 世纪 90 年代初期
德国	1.63	1.64	0.61	0.65
英国	1.72	1.99	0.68	0.59
日本	1.63	1.73	0.63	0.61
美国	2.16	2.22	0.45	0.40

资料来源:W. Streek,1997.

---

① 例如格罗格(Grogger,1998),证明了薪酬低是美国男性青年犯罪发生的主要原因。

芬戈尔德（Finegold，1993）将工资低、资本投资低、生产效率低、产品质量低、低技能和低价格的现象称为低技能平衡。柯腾（Curtain，1996）认为，澳大利亚正陷入类似的平衡当中。

产业和企业结构变化使技能形成的性质复杂化。例如，灵活性和创造性的需求日益增长，对日本技能形成的方式提出了挑战。日本企业界的领袖们（如 Ishida，1998）开始质疑日本的教育和培训体系是否能够培养更具灵活性和创造性的技能，而这些技能正是未来的企业所必需的。日本的高信任文化（Fukuyama，1995）、北欧经济体的社会伙伴关系（social partnership）模式可能都存在根本性的弱点，从而妨碍灵活性和创造性的技能形成。梅森（Mason）和瓦格纳（Wagner，1988）发现，英国产业中的技能转移似乎比德国产业更易于创新。

四、比较的问题

本研究虽然涉及宽泛，内容涵盖了不同的国家和地区，但还是要集中到对一些有价值的问题进行比较分析。研究焦点应该是"变革"到底给职业教育与培训带来哪些重要影响。在这里提出以下问题：

- 面对全球经济社会的变革，职业教育与培训所做出的应对措施是什么？
- 职业教育与培训和中等教育的新型关系是什么？
- 职业教育与培训的政策是如何与更广泛的社会以及国家人力资源政策相关联的？
- 国家在职业教育与培训中的角色与其在经济政策中的角色之间有什么联系？
- 职业教育与培训的认可方式正在发生哪些变化？
- 变革是如何影响技能开发的性质及类型的？
- 变革对于体系的影响是什么？
- 收益是否更青睐高技能或高扩散的模式？

第四节 九个体系及其特点

比较研究最明显的难点在于它的选择性。公共政策的所有领域都存在对自己有利的各种国际案例，可以帮助其意识形态自圆其说。职业教育与培训领域也是如此，它所涉及的经费、监管和治理以及入口等方面的观点纷繁多样，要得出相对科学、客观的结论，我们的研究就必须通过各种方式避免在观点、案例选择上的主观性和片面性。

首先，我们考察了许多国家的职业教育与培训体系，了解了那些存在很多意识形态争议的重大问题。我们的案例一方面涵盖社团主义和高度管制的德国体系以及中央集权的法国体系，另一方面也包括新自由主义的英国路径和以市场为导向的激进的智利体系，因此在案例选择上考虑了不同意识形态的代表性。

其次，比较研究的重点确定为职业教育与培训体系在面对变革的压力时所做出的反应。我们认为，这是近期各个国家对职业教育与培训政策持续关注的主题。不同国家应对变革的压力所采取的措施可以为澳大利亚职业教育与培训提供最有启发性的借鉴。

再次，我们尝试将职业教育与培训体系放到更广泛的国家历史、社会、政治和经济环境中去探讨"变革的压力"这一主题。从一定意义上说，我们的研究是对职业教育与培训的系统化过程进行检验的成果。我们认为系统化，尤其是初次职业教育的系统化，与国家及其形成过程有重要的关联，这在最近的中国有所体现。通过比较研究发现，变革的压力本质上是全球及国内的经济变化以及经济变化引起的劳动力市场变化。然而，全球化的压力可能会导致职业教育与培训"去系统化"（de-systematise），中国尤其如此，中国政府正着力追求区域经济发展，与此同时，伴随着人均收入差距的不断扩大（World Bank, 1999c），职业教育与培训容易被碎片化。

最后，我们试图从区域的视角审视职业教育与培训。我们选择了欧洲、美洲和东亚三个区域。其中两个地区签署了经济契约：欧洲共同体（EC）和北美自由贸易协定（NAFTA）[①]。第三个地区——东亚，以经济增长迅猛和非正式的区域经济一体化著称[②]。

这九个体系遍布全球，并在社会、经济和政治背景下提供了鲜明的对比。每个体系中都有一个中央政府在积极发展和实施政策以提高技能形成，它们的目的是提高生产率和国内企业竞争力水平，从而在全球市场经济竞争中占有一席之地。所有国家的行动都离不开与企业以及有组织的劳工之间的合作。很多国家政策直接针对失业问题，特别是青年失业问题。当"全球化"威胁到社会基础，动摇国家根基时，国家还会对社会资本的发展进行直接干预。

因此，我们的研究对象大致可以称为"职业教育与培训体系"，这些体系在很大程度上作为更广泛教育体系的附属，最近出现了职业教育与培训系统化的概念，并与国家的需要呈现更加直接的联系。在我们的许多案例中，国家在学徒系统中有了更强的参与度，建立了国家颁发资格证书的体制及其框架，并且大量增加了国家财政拨款。

研究文献中显示，很多国家认可了"职业教育与培训体系"的提法，但大多没有认识到"职业教育与培训体系"这一概念具有动态性：事实上，职业教育与培训体系最近才发展，且比更广义的教育体系发展更迅猛。考虑到职业教育与培训系统内部的复杂性，通过国家认可的机制和相关的国家干预对它们进行考核是非常有必要的（尽管这可能被证明将长期

[①] 智利没有参与北美自由贸易协定，但在美国的影响下，智利一直支撑着巴西经济，因为他们害怕巴西经济的低迷会对整个美洲地区的经济造成影响。

[②] 职业教育的比较研究最重要的一个劣势在于，对国家过于依赖，因为国家是比较的单元。不同国家的地区之间的经济表现大相径庭，比较研究将会对这些不同点进行解释。

无果而终)。但在考核过程中,也需要区分这个系统与更广义教育系统的差别,职业教育与培训系统更离不开国家和其他主要参与者、企业合作伙伴之间的关联。正是这种关联才能充分呈现系统特征,才可能对经济的快速变化应对自如。

正如布莱尔政府提倡的"第三条路"(Third Way)所示,在全球经济和社会的影响下,国家和社会之间的关系将会改变。教育体系几乎是社会中反应最慢的体系(Ringer,1979),因为它们牵扯到牢固的社会结构。职业教育与培训体系和国家之间联系更为紧密,易于在以下领域充当先锋:职业教育市场,就业成果问责制和国家资助,灵活性的规定,客户导向、定制化服务、知识和技能转让以及与业界和社会其他组织的关系等。总之,职业教育与培训体系的比较研究可以为未来更广泛的教育体系的研究打开一扇窗。

我们在研究过程中,广泛查阅最新文献,与各国相关高级官员进行讨论,研究基础很扎实,但绝非十分全面,还有很多问题没有涉及,仍需要进一步研究。鉴于很难对各种来源的资料、信息做直接比较,这限制了我们在更多问题上进行比较研究,所以比较集中地选择了对"九个体系主要特征"、"国家所扮演的角色"和"它们应对经济环境变革的措施"等问题展开讨论。

第二章　欧　　洲

第二次世界大战之后，德、法、英三个国家的经济在欧洲形成了"三足鼎立"的局面，最近，意大利也有迎头赶上的趋势。德、法、英三国在职业教育与培训中扮演的角色、职业教育与培训体系、经济管理模式等方面，显示出重要的历史差异。很多学者（如 Piore 和 Sabel，1984；Finegold 和 Soskice，1988）对这三个国家在体制、财政和企业管理模式等方面的差异性做了相关研究。巴雷特和杜桑（Barrett 和 Dewson，1998）对德国"社团主义"（corporatist）模式下的初次职业教育体系和以法国为代表的"干预主义"（interventionist）体系，以及英国的"志愿主义"（voluntarist）或以市场为导向的体系进行了比较。

欧洲的其他国家也不乏对教育与培训体系及其和经济绩效之间关系的关注，尤其是北欧国家和爱尔兰。然而，法国、德国和英国在有关企业技能和就业的关键问题上采用了各不相同的处理方案。

事实上，关于欧洲职业教育与培训体系的比较研究并不少，其中以欧洲职业培训发展中心（CEDEFOP）的研究最多。欧洲高度关注发达国家，并在不断拓展欧共体的范围，这无疑为比较研究提供了丰富的资源。第二次世界大战之后，欧洲大陆的发达国家逐渐由社会民主党政府所主导。其中很多是基于企业和政府的社会伙伴关系模式，如德国的新社团主义模式，但像丹麦等国家，则尊崇着更加自由和开放的政治哲学。社会伙伴关系在欧洲各国的职业教育与培训体系中扮演着非常关键的角色，特别是在那些普遍推行学徒制的国家。但也有例外，如英国和法国。英国历来有自由主义和志愿主义传统，这种传统在20世纪80年代以新自由主义的形式出现在人们的视野中。而法国政府则一直维系着中央集权的模式。

伴随着东欧国家的政治变化，社会民主模式开始面临各方面压力。其中，政府支出和对劳动力市场监管等方面与职业教育，尤其是初次职业教育密切相关。由于职业教育是历史上社会契约和监管制度的产物，就业模式、公司规模和大型企业财政结构的变化都可能对职业教育产生负面影响。除此之外，社会上的文凭主义和学术流也大有增长趋势。在过去10年，这些问题在很多经济体中愈发凸显。最明显的特征就是失业人数增加（见附录表3）。当前的人口现状对继续职业教育而言也存在隐性压力，未来的劳动年龄人口可能会迅速下降。

德国、法国和英国不仅国土面积位居欧洲前列，它们在社会与政治哲学、国家角色等方面也各具特色。德国的技术和职业教育与培训主要依靠强大的社会伙伴关系，中央政府的作用非常有限，而法国依赖的是高度的中央集权；德国的技术和职业教育与培训与学术教育的界限清晰，而法国这两种教育之间的关系却十分紧密。另外，英国的技术和职业教育与培训一直采取自由放任的政策，志愿主义的传统占主导地位。在过去10年中，教育体系呈现出一种"混合模式"特征：众说纷纭甚至彼此相互冲突，职业教育维系志愿主义传统，劳动力市场放松管制，但也出现了很多中央集权性质的政策革新。这三个国家都在努力提高自己的经济竞争力，均处在高失业率的不同阶段，它们为研究欧共体在独特的变革和发展中的职业教育问题提供了丰富的案例。此外，三个国家有着不同的语言，甚至曾经还是敌对方，但它们的职业教育资格之间却建立了一定程度的相互认可机制（CEREQ，2000），这无疑是一个有趣的现象。

第二章 欧 洲

第一节 法 国

一、经济

在经济合作与发展组织（以下简称"经合组织"）成员国及西欧国家中，法国是混合经济。二战后，法国的经济发展超越了英国，但是在工业发展方面，仍无法与德国匹敌。20世纪90年代，法国经济一直处于稳健增长状态（1990—1999年的平均增长率为1.7%），其中，1998年的增长率为3.3%，1999年的增长率为2.9%，这两年的数据要高于九国的平均增长率和经合组织所有国家的平均增长率。人均GDP从1995年的26 396美元下降到1997年的23 757美元，1998年增长到23 954美元。

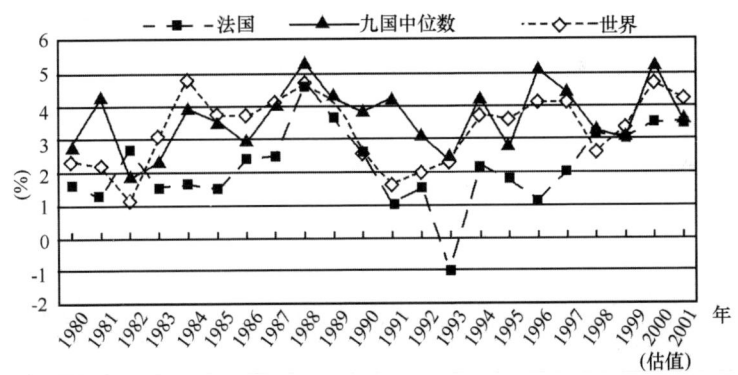

资料来源：IMF. World Economic Outlook Database，2000.

图4 1980—2001年国内生产总值增长率

据统计，法国的失业率一直居高不下。1994—1997年的平均失业率是12.3%，青年失业率为24.4%。在过去的10年中，法国是经合组织成员国中青年失业率最高的国家之一，甚至比澳大利亚还高。和德国的情况一样，法国的劳动力市场也是被高度管制的。一个比较典型的例子是，最近立法规定一周的工作时长为35小时。

然而，在青年劳动力市场中，法国的薪资水平相对高于德国，很多人将此视为高失业率的原因之一。法国的产业结构可能也是青年失业人数增加的原因之一。法国拥有庞大的公共部门（Bourdieu，1995），它们要求职员具备高学历，但是随着这些公共部门逐渐被精简，它们很少再提供入门级的岗位。

农业领域的就业率逐渐下降，尽管农业在国家政治和经济领域占有重要地位。农业部门的就业率1980年为16%，1992到1997年下降至10%（2000，World Bank Indicators）。

表2 经济和教育指标

	法国	九国中位数
人口（1999）[1]	5 910万	—
人均GDP（美元）（1999）[2]	24 630美元	24 751美元
GDP年均增长率（1990—1999）[1]	1.7%	2.7%
失业率（1994—1997）[3]	12.3%	4.9%
15～19岁的青年失业率（1998）[4]	24.4%	15.2%
劳动力的年均增长率（1990—1999）[1]	0.7%	1.2%
公共教育支出占GNP的比例（1997）[1]	6.0%	4.8%
中等教育的学生净注册率（1997）[3]	99.0%	92.0%
受教育年限（1998）*[4]	16.6年	16.6年

*：包含所有的教育阶段，5岁以下的幼儿教育除外。

资料来源：（1）World Development Report，2000/2001；（2）IMF. World Economic Outlook Sept，2000；（3）World Development Indicators，2000；（4）OECD Database.

相比而言，法国的日耳曼邻国（德国、丹麦、瑞士和奥地利）拥有较完善的学徒制，学徒制为这些国家的青年劳动力市场奠定了坚实基础。法国在这方面相形见绌，造成这种局面的主要原因是社会技工阶层的力量不足，最终应归因于法国大革命的摧毁。因此，法国政府现在投入巨资兴办教育和培训。

国家在教育与培训中发挥了关键作用。政府一方面积极引导劳动力市场，另一方面尝试通过公共部门增加就业岗位。例如，仅1998年，国家教育部和警署就在地方层面和协会里面创造了多达151 926个工作岗位（CEDEFOP，1/1999）。政府还采取了类似的措施，用以在公共部门内设立学徒场所。然而，澳大利亚政府的做法与此相反，正在减少青年的就业岗位。

法国教育领域的公共支出占国民生产总值（GNP）的6%，高于九国的均值4.8%。表3展示了法国在不同教育阶段的支出情况，可以看出，法国在中等教育上的支出明显高于九国和经合组织国家的中位数。

表3 1997年各级各类教育中学生的人均支出

	法国（美元）	九国中位数（美元）*	经合组织国家中位数（美元）
幼儿教育	3 462	3 603 (7)	3 463
小学教育	3 621	3 470 (7)	3 851
初中教育	6 087	3 983 (5)	4 791
高中教育	7 167	5 492 (5)	5 790
所有中等教育	6 564	4 927 (7)	5 274
中等后非高等教育	5 163	8 001 (2)	5 337
高等教育	7 177	9 390 (7)	8 612

*：九国中位数并非包含所有国家的数据，括号内的数字表示可获得数据的国家数目。

资料来源：OECD Education Database, table B4.1.

二、教育体系

格林提出，教育与培训体系的建立主要是基于国家的需要，法国为其提供了有力的佐证。法国的教育与培训体系仍多少保留了拿破仑印记。法国的很多制度的始建目的有两个：一是通过建立统一的语言和文化而建立国家（Feigenbaum，1989）；二是创建军事政权。为了建造军事工程中的道路和桥梁以及军事装备，除了建立学校体系，还通过设立技术培训学校来实现。教育体系形成时期的遗产保存至今。拿破仑时代建立的许多机制，包括精英技术培训机构，甚至高中毕业会考（baccalauréat）制度依然存在。此外，中央集权传统一直是法国的教育和培训体系的主要特征。

图5展示了简化版的法国教育与培训体系。该体系的基础是比较普遍采用的小学和初中教育。大多数年轻人在继续接受高中毕业会考教育、培训或就业之前会选择先在学校完成初中课程学习，拿到第一个国家文凭。高中的毕业会考主要分为3种形式：普通类、技术类和职业类，分别对应于高中毕业生不同的发展方向。

学生也可以进入学徒系统，或进入职业大学预科（lycees professionnel）或专门培训机构参加全日制的培训课程。学生完成培训项目之后可以获得相应的职业教育文凭或更高级的职业能力证书。

3种形式的高中毕业会考虽然处于相同的教育水平，但有明显差异。不同形式的选择会有不同的路径，通过普通类高中毕业会考之后，大部分人进入大学攻读四年长周期的学位。有些人将进入有声望的"大学校"（grande ecole），其中有很多人一直留在大学预科直到完成预科课程。通过技术类高中毕业会考的学生也会进入大学或其他的短期（两年）大专院校学习，这里的短周期课程与长周期课程是接轨的。通过职业类高中毕业会考的学生会进入劳动力市场，但是，越来越多的学生选择去大专院校（主要是短周期）继续深造。为了提高高中教育水平，政府还制定了目标，要

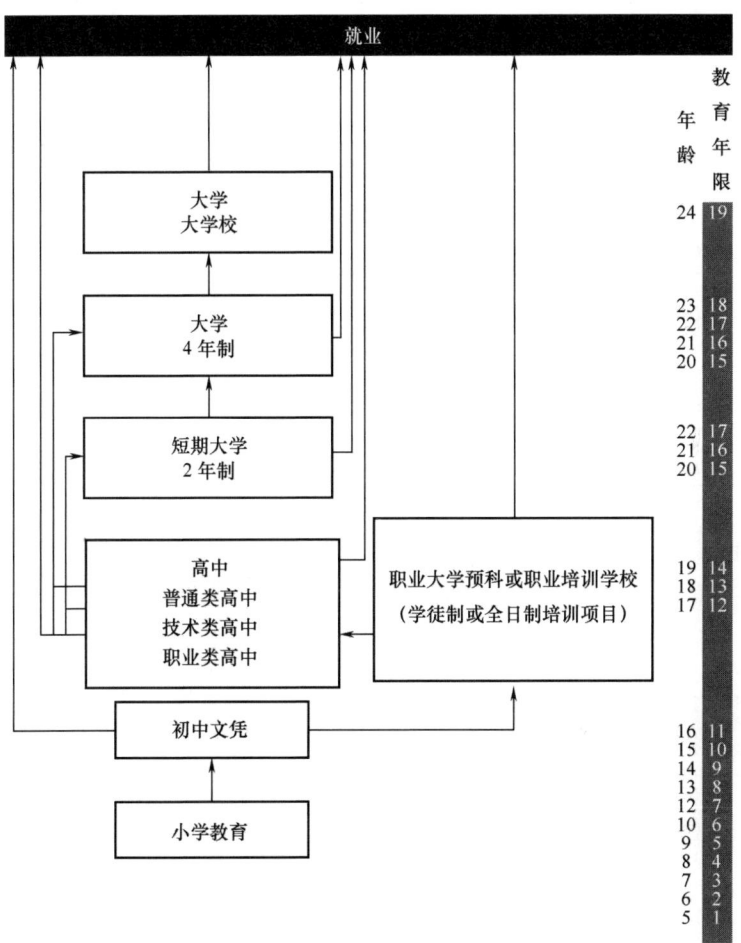

图5 法国的教育与培训体系

求高中毕业会考的通过率不低于80%。

三、初次职业教育

法国的初次职业教育主要是基于学校的培训项目，分为职业教育文凭（brevet d'etudes professionelle）和职业能力证书（certificate d'aptitude professionelle）两种。这些课程分别在有影响的学术教育体系和薄弱的学徒系统中开展。法国教育的等级特征明显，与管理精英的培训目标有密切关联。教育的内容在传统上相对广博，但更偏重事实性知识，不过，相应地对技术技能缺乏重视。无论是基于学校的还是基于工作的职业教育与培训，都面临这种现实。

历届法国政府已意识到法国经济表现相对薄弱、青年失业率高的问题，并试图通过以下途径改变这一局面。第一，将技术和职业的内容引入高中；第二，改革基于院校的教育，并引进其他形式的培训，将学校教育和工作场所教育结合起来；第三，改革和扩大学徒系统。

四、高中

高中会考有三项改革措施：重新明确技术类高中毕业会考的功能，扩大技术类高中毕业会考规模，开展职业类高中毕业会考。技术类高中毕业会考由来已久，尽管经合组织将其划分为基于学校的职业教育，但在法国并不被当作职业教育与培训的一部分。在高中教育阶段，它是一个"品牌"（group award），以高等教育的技术课程为导向[①]。

职业类高中毕业会考始于20世纪80年代后期，它走的是基于工作的路线，并试图赶超普通高中已有的声望。职业类高中毕业会考的重要特点是拥有不少行业背景和项目资源。在3年的学习中，学生需要在工作场所学习16周。参与该项目的人数已扩大到全部高中学生人数的9%，在国际上引起了广泛关注。学生毕业以后也可以接受高等教育，但由于年轻人的就业市场不景气，约有50%的学生会选择短期大学课程。早期的职业类高中会考生在劳动力市场上就业势头良好（Eckert，1993），但随着青年劳动力市场的持续恶化，越来越多的人选择了进入高等教育继续攻读。

五、大学课程和工学交替式培训

职业能力证书是最普遍的文凭，它主要提供制造业和服务业领域与传统

---

① 一类品牌教育包含一门共同的核心课程，通常是语言、科学、数学和人文学科或公民学。

工艺相关的培训。职业教育文凭在学历水平上与职业能力证书相当，职业教育文凭项目正在逐渐推动和提供更广泛的现代职业培训。最近，学员完成两年的职业教育文凭之后，可以攻读职业高中，继续学习高等级的培训课程。

学生或学徒可以通过这些课程进入学位课程学习，学位不只是由教育部颁发，农业部、卫生部、青年部以及商会也会提供。1996 年，社会上共有 1 400 种不同的学位、文凭和证书，其中大部分是由教育部和来自雇主或商业协会的代表在职业咨询委员会（CPC）的框架下协商确立的。教育部负责设置课程及制定考试规则。课程包括学术的、技术的以及实际培训内容。考试委员会由来自教育部门和行业的代表组成（Steedman 等，1997）。

职业教育毕业生（包括学徒）主要依据行业协议进入劳动力市场。这些协议（其中超过 300 个属于国家级）针对每个特定的行业而定。学历在员工的定岗定级中发挥着越来越重要的作用，这在 90% 的协议中都有所体现。在制造业中，职业能力证书对于技术工人或工艺职业而言是必不可少的。但是，学历和职业之间的关系在服务业中并不是很清晰（Steedman 等，1998）。

有 3 种类型的合同融合了学校的理论教育与企业的实际培训：定向合同（contract d'orientation）、资格合同（contract de qualification）和适应合同（contract d'adaptation）。此外，没有获得资格的首次求职者，可以参加职前培训——交替培训活动（actions de formation alternee）或工学交替式培训（CEDEFOP，1999b）。法国主要对基于工作的学徒制和工学交替式培训（alternance）进行区分。工学交替式培训主要是基于学校教育，学徒要定期去工作场所接受培训。

六、学徒制

在法国的传统中，学徒的地位很低，只有在最冷门的专业中且学术成绩最低的学生才会选择学徒制。20 世纪 80 年代，法国政府逐渐注意到其工业的竞争力比不上德国，且青年失业率很高。而德国的优势可以部分归功于"双元制"的成功。法国历届政府都试图完善和推广学徒制，发展工学交替式培训。与此同时，政府实施了"权力下放"政策（decentralisation），这使地方当局对职业教育承担了更多的责任，显然是向前迈进了一大步。具体措施包括：

- 通过学徒制有机会获得所有职业文凭（1987年法律）
- 向私人、非营利机构开放学徒制（1992年法律）
- 为企业提供财政支持，组织宣传活动
- 设立义务教育目标，并允许职业机构为学徒开设课程或提供培训（1993年法律）

学徒制提供了多条路径（Pérot，1998）。一是通过职业高中，另一个是从职业教育文凭到职业高中和高级技师证书（BTS，中等后两年制学历）。这些新的路径为不同领域的培训之间的融合和补充搭建了桥梁。

学徒培训中心（Centres de formation d'apprentis）隶属教育部，主要职能是支持学徒制。它们主要是根据与国家或地方当局之间的协议，由培训机构、商会、自治市、企业或协会运作，并由雇主组织和贸易协会代表所组成的一个董事会实施管理（Centre INFFO，1998）。每位学徒每年至少要在学徒培训中心学习400小时，不同地区的平均水平有所差异（Dépêchesde l'AEF，1998）。学徒的入学年龄通常是16～25岁，但学徒培训中心也允许学生15岁开始当学徒，前提是学生已完成了九年级学业。

私人公司或政府机构均可以与学生签订1～3年期限（通常为2年）的学徒雇用合同。学徒在培训期间挣工资，18岁以下的学徒，合同第一年的薪资不少于最低工资的25%，超过21岁的学徒，学徒期第三年的薪资不少于最低工资的78%。

学徒制中的雇主可领取6 000法郎津贴，且不需要缴纳社会保障体系中的企业基金。另外，如果学徒的年龄低于18岁，私人部门的雇主可以获得1万法郎的培训津贴，如学徒年龄在18岁及以上，雇主可以获得1.2万法郎。如每年的培训时间超过600小时，则超过部分，雇主可获得每小时50法郎的额外津贴，总培训时长上限为800小时。因此，参加学徒制的每个企业里都需要有一名监督人员。

学徒人数出现了很大的变化。1945—1968年，由于人口和经济的增长，学徒人数也有了可观的升幅。而1968—1975年，学徒数量直线下降。这似乎与学校滞留率的升高和新培训课程的开发有关。20世纪80年代，学徒数量在政府干预下保持稳定（Pérot，1998），如图6所示。进入90年代，学徒数量受政策的影响，1992—1996年上升了45%，1996—1999年，增长率为20%。囿于其他类型的培训形式的发展，1999年的学徒数量增长速率较慢（Ministère de l'emploi，1999）。法国雇主运动（Mouvement des entreprises de France）为学徒制确立了目标，即在2000年年底完成500 000个学徒制或工学交替式培训的合同额度（CEDEFOP，3/1999）。

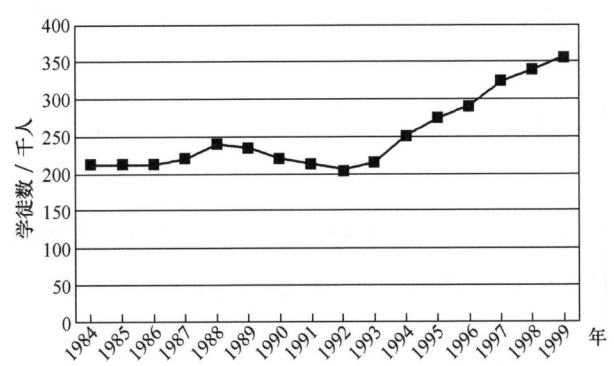

资料来源：CEREQ，1996；Ministère de l'Education nationale，1999.

图6　1984—1999年的平均学徒数

学徒中有超过40%的人是16或17岁，女性学徒所占比例基本稳定在28%左右。新学徒的受教育水平高于从前，其中，高中以上学历的学徒比例从1995年的11%上升至1998年的17%。

为了将全日制学校教育和学徒制相结合，职业高中开发了相关试点项目，现已在地区一级（特别是在罗讷—阿尔卑斯地区）试运行（Dépêches de l'AEF，1999）。学徒培训研究中心和高中、培训机构之间建立了合作协议，并为职业高中提供了培训设施和教育监督。这种协议可以有效地加强雇主与合作院校之间的联系，通过招聘对学徒实施更好的管理。这项计划被称为"1+1"项目，它意味着学生项目的第一年在学校内完成，学徒仍然是一名普通学生，第二年，他将转为学徒角色（Ministère de l'Education nationale，1998）。至此，法国的各项改革措施以及学徒制和劳动力市场的关系得到了极大改善（Bertrand，1993）。这也为学徒的继续深造创造了可能（INFFO Flash，1999）。

在所有的学徒中，约63%的学生持有新协议，约25%的学生持有早期的学徒协议。大多数学生（72.7%）准备考取职业能力证书和职业教育文凭，但备战高中和更高学历证书的学生比例正在上升。不少学徒为获取更高水平的特定文凭或学位证书而同时持有几个协议。越来越多的协议将中等后教育或者更高学历囊括其中。

虽然学徒主要集中于建筑业等传统行业，如今却在悄然变化。学徒制协议的重点集中在小型企业（少于10名员工），1998年小型企业的签约率达69%（1997年为71%）。50名以上雇员的企业签约率为14%，虽然很低，但日渐提升。

正如在其他国家一样，培训地点的供应也是一个难题。一些地区中的新兴企业很难招聘到学徒，与此同时，参加某些领域培训的学徒也是门可罗雀。然而，很多培训中心却依然满额，无法接受更多学徒的报名（Dépêches de l'AEF，1998）。

七、学徒培训的经费

学徒培训的经费是由地方政府或国家通过学徒税（apprenticeship tax）

的形式供给，因此，对于雇主和学徒双方而言均为免费。学徒税设立于1925年，这可能是世界上最早的。

税收用于各种目的而并不只为学徒，所以说，学徒税系统特别复杂。同时，学徒制也有其他经费来源（CEDEFOP，2000）。学徒税最初是计划用来资助初次职业教育和在职培训这两个方面，不论是它们基于学校的还是基于企业工作场所的，但在1971年，继续职业教育的相关法律将税收的使用范围限定在了初次职业教育（Bertrand，1993）。

几乎所有的企业都被要求缴纳学徒税，而那些签订了正式协议，并雇用学徒且员工收入不超过最低工资标准6倍的企业，以及专门从事教育与培训的企业除外。学徒税的税率占工资总额的5%，最近进行了一些修改。现在，学徒税中至少有40%需要分配给学徒制，但其余可能由雇主直接支付给各种类型的培训机构。

学徒的资助制度备受争议。它的花费很高且牵涉重大利益。其中一个问题是，增加学徒场所会导致企业利润下降（Centre INFFO，1998）。同时，这个体系非常复杂且缺乏透明度和问责制（INFFO Flash，1999）。

八、继续职业教育

在学徒制和工学交替式培训兴起之前，法国企业在初次职业教育中的作用微乎其微。后来，政府通过立法和集体谈判进行干预，促使企业在继续职业教育中履行大量的责任与义务。正如阿本特（Abentur）和莫巴斯（Mobus）在1996年指出的，法律义务中关于资助培训的"雇主条款"赋予法国企业的责任比之前任何时候都大。最终，企业提供的公司内培训的费用占到工资的2.2%，而德国的占比是1.2%。

根据法国行业协定，工人在培训期间有权获得"个人培训假期"。企业必须提供带薪的培训计划和培训活动。员工在培训期间可享受时间资本（time capital），这是按照一项培训计划使用的培训资金。同时，雇主或雇员均可以要求技能审查，以帮助企业和雇员更有效地制定生涯规划和开发培训项目。为这些活动提供资金是对企业的强制义务，员工少于 10 人的企业需要提供工资总额的 0.25%，10 人及以上的为 1.5%（CEDEFOP，1999）。

大多数欧洲国家的继续职业教育机构直属劳工部，社会伙伴积极参与继续职业教育。税款通过机构征收，由社会伙伴管理，其中的一些法律要求雇主与雇员代表对相关事项共同协商达成一致。从以下事实可以看出，继续职业教育和行业协议之间的联系在日渐密切：近期，每周的协商时间超过 35 小时；已经通过协商建立"培训保险"体系，以确保员工有 10% 的工作时间可以用于培训。

法国的继续职业教育资格证书大多由劳工部颁发。它们更倾向于在工作说明书的基础上，强调技术质量和技能。工作说明书则是通过咨询委员会由社会伙伴草拟。资格认证形式仍倾向于考试，但最近随着基于工作的经验和技能认证的引入而有了更大的灵活性（Merle，1997）。当局也正考虑采用对先前学习的认证（RPL）。

相较于初次职业教育，法国的继续职业教育有分权的特点。权力下放是基于"社会伙伴关系"模式，中央和地方政府与国家行业联盟、就业机构、行业和贸易协会等进行合作（UNEDIC——全国就业联盟）。继续职业教育在地区一级有更大的灵活性。比如，法国北部地区已经开始通用英国的国家职业资格（NVQs）（CEDEFOP Dossier，1/1998）。

和很多欧洲国家一样，法国的继续职业教育也是动态变化的。在过去 10 年中，这个领域实行了一系列的法律与改革措施（CEDEFOP/CEDEFOP Dossier，1995—2000）。

当前继续职业教育存在不少亟待解决的问题，包括需要增强灵活性，减少复杂程度，还有来自目标群体受教育的难易程度、费用、学徒制和培训市场等方面的需求。1997 年，法国共有 5 500 个私立培训机构，占全部培训机构的16%。它们培训的学员在1993年占到全部培训人数的1/3，培训小时数占总体的46%（CEDEFOP，3/1997）。这些机构有自己的联盟，联盟内部普遍认为政府对培训市场的管制过于严格（CEDEFOP，3/1998）。

考虑到法国较高的失业率，不少培训计划将目标锁定在失业人员和青年人身上。高失业率背后存在的与培训相关的问题涉及工资水平、获得学徒制和换岗培训的机会等。大部分培训项目是由中央政府出资和实施，项目预算从1987年到1996年增长了2.5倍，而一部分培训项目则由政府和全国就业联盟共同实施。

九、问题

法国职业教育有强烈的制度化导向的传统，最近的改革试图通过各种途径将其引向产业。有证据表明，培训机构和雇主之间仍然存在相当大的距离（Pérot，1998）。法国劳工市场一直是高度证书导向的，中央集权的传统无疑对它起到了强化作用，此外，中央集权还加固了企业的层级结构（Piore和Sabel，1984）。因此，尽管资格证书与高度管制的劳工市场之间紧密对接，但从信用角度看，企业仍有鲜明的层级结构，所以很难将教育和培训与企业和技能的需求完全关联。这些是法国职业教育面临的主要困境。解决的方案则包含加强学徒制和工学交替式培训，认可基于工作的技能和先前的学习，提高职业教育的课程设计水平和教学灵活性等。

教育公平也是一个难题。一份最近的报告建议建立企业内部的义务培训制度，给予那些没有特权的年轻人在企业内更多的培训机会。它还倡议赋予每个人获得能力证书的权利，并强化资源分布的效率与透明度。报告还提出要将学徒制合同（apprenticeship contracts）与资格合同（contract de qualification）合二为一（Dépêches de l'AEF，1999）。

尽管法国的行业协议的力量不小，但它同职业教育与培训的关联程度仍然无法与德国相匹敌。事实上，法国的社会伙伴只是咨询角色，论到分摊行业内的费用与责任,确实勉为其难。

另外,中央集权的传统和资格证书的精英化及等级本质,大大限制了培训市场的发展。就私人培训机构而言,尽管许多都有一定成长,但他们的作用仍然显得非常渺小(CEDEFOP,3/1997)。就公共培训机构而言,它历来不对体系内的"客户"负责,而是对中央机关负责。这种现象在初次职业教育中也普遍存在。由于在继续职业教育中实行"权力下放",这给予了地区一级更大的灵活性,因此,各地也开始采取措施向"客户导向"的方向转移。

其他的问题还包括体系的成本和复杂性。改革的重点主要集中在个人获得培训的权利;更好的认可形式,包括对工作场所的体验;加强工学交替式培训形式;及阐明各利益相关者的作用(CEDEFOP,2/1999)。

由于掺杂国家和教育体系的历史关系,法国的职业教育体系非常有趣。它最明显的弱点在于劳工市场与教育和培训之间具有层级关系。职业教育与培训资格证书就是它的产物。法国对学徒和工学交替式培训特别感兴趣,为它们投入了巨额的工资税和政府资助,相比之下,其他方面的投资明显下降。在解决职业教育的难题方面,国家起到了强有力的作用,特别是青年失业问题。在这种情况下,刺激私人培训市场则显得十分具有挑战性。

第二节 德　　国

一、经济

第二次世界大战以后,德国同日本一直是工业增长和发展方面的国际领跑者。1953—1973年,德国的经济增长率是5.3%,位居世界第二,仅次于日本。德国的制造业发展强劲,相对于它的欧洲主要竞争对手——英国和法国而言，尤其如此（德为35%，英、法分别为27%和25%）。

在东德、西德重新统一的压力下，劳动力增长出现了下滑和结构性难题，德国的经济优势在过去的10年已经逐渐消失。GDP年均增长率由1980—1990年的2.2%，下降为1990—1999年的1.5%，而1999年的增长率低于九个国家的平均值和经合组织各国的平均值。失业问题随之出现，1994—1997年的失业率达到9.8%，这与合并之前大相径庭。然而，1998年的青年失业率是7.6%，低于欧共体和经合组织的水平，这很大程度上受益于德国以"双元制"为特征的初次职业教育体系。

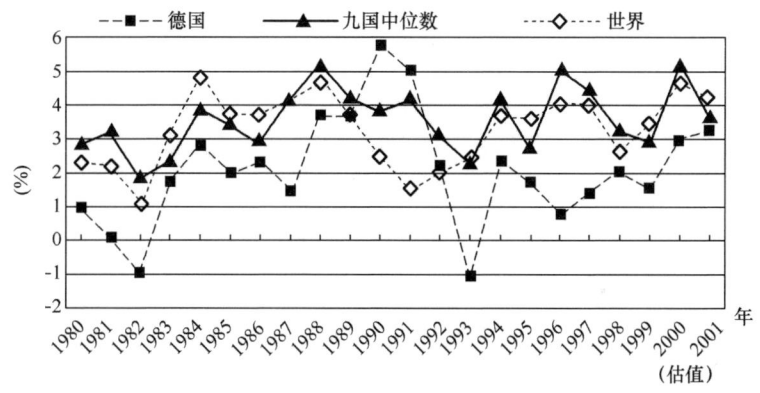

数据来源：IMF, World Economic Outlook Database, 2000.

图7　1980—2001年国内生产总值增长率

职业教育与培训中的"双元制"的目标不仅仅是向年轻人提供初始培训资格，还包括大约350个公认的职业培训在内的更加广泛的培训机会。正常情况下，学生只有在完成初中学业之后，才可以接受职业培训。培训期一般是3~3.5年。对于已经取得高中毕业证书的学生，以及表现非常好的学员，可以适当缩短培训期。学员接受培训时的薪酬大约是技术工人平均工资的1/3。"双元制"中的年轻人不但可以获得法律认可的行业职业技能及经验，而且，他们还可以通过在职业学校每周上一两天课，在一定程度上提高自己的理论知识和普通教育水平。

(Burke 和 Reuling,2002)

这段时期,德国的技能形成过程比其他任何国家都面临更多的国际检验。文献中将德国所采取的路径称为经典的高技能经济,这一路径融合了高技能、高增加值和高工资(Finegold 和 Soskice,1988;Streeck,1997)。

尽管用于国家统一的支出很高,但德国一直保持较高的人均 GDP(在 1999 年是 25 381 美元),甚至超过了包括日本在内的其他大多数的经合组织成员国(见附录表 8)。德国工业的生产力水平相对高于经合组织成员国的水平,但前提是要以小时生产率为单位计算,如图 8 所示。

表 4 经济和教育指标

	德国	九国中位数
人口(1999)[1]	8 200 万	—
人均 GDP(1999)[2]	25 783 美元	24 751 美元
GDP 年均增长率(1990—1999)[1]	1.5%	2.7%
失业率(1994—1997)[3]	9.8%	4.9%
15~19 岁的青年失业率(1998)[4]	7.6%	15.2%
劳动力的年均增长率(1990—1999)[1]	0.4%	1.2%
公共教育支出占 GNP 的比例(1997)[1]	4.8%	4.8%
中等教育的学生净注册率(1997)[3]	95.0%	92.0%
受教育年限(1998)*[4]	16.8 年	16.6 年

*:包含所有的教育阶段,5 岁以下的幼儿教育除外。

资料来源:(1)World Development Report,2000/2001;(2)IMF World Economic Outlook Sept. 2000;(3)World Development Indicators,2000;(4)OECD Database.

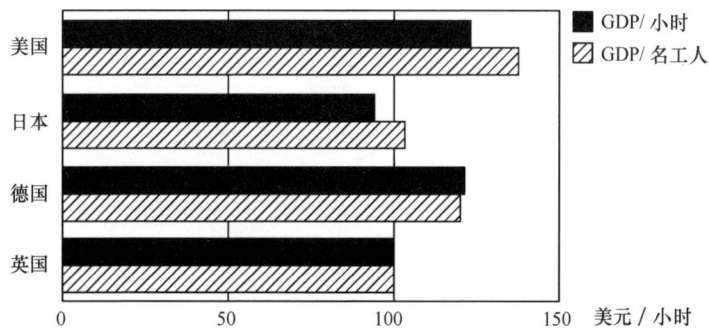

资料来源：High Skills Project，London，Institute of Education，2000.

图8　1996年的劳动生产率

这些数据反映出德国经济和社会的很多特征。德国各行业的技能水平相对于日本而言更加均衡一致，主要的生产部门仍然维持着极高水平的生产效率。工资差距较小，技能水平较高，小时GDP比人均GDP高，这些都是德国的新社团主义传统和工业文化结构的特征体现。在产业机构中，包括培训在内，社会伙伴发挥的作用要相对大于其他国家。追求"生产能力平等"一直被视为社会团结和竞争力的重要根基，而它主要是由社会伙伴所支持的（Green和Sakamoto，1999）。

德国人均教育公共开支达到1 747美元，高于九个国家和经合组织国家平均值。正如表5所示，德国尤为重视学生的高中以及中等后的非高等教育支出。

表5　1997年各级各类教育中学生的人均支出

	德国 （美元）	九国中位数 （美元）*	经合组织国家中位数 （美元）
幼儿教育	4 288	3 603（7）	3 463
小学教育	3 490	3 470（7）	3 851

续表

	德国（美元）	九国中位数（美元）*	经合组织国家中位数（美元）
初中教育	4 652	3 983（5）	4 791
高中教育	9 322	5 492（5）	5 790
所有中等教育	6 149	4 927（7）	5 274
中等后非高等教育	10 839	8 001（2）	5 337
高等教育	9 466	9 390（7）	8 612

*：九国中位数并不包含所有国家的数据，括号内的数字表示可获得数据的国家数目。

资料来源：OECD Education Database, table B4.1.

社会伙伴关系是建立在社会高信任度（Fukuyama，1995）和由企业提供培训的基础之上的，而这些企业机构中的利益团体的关系通常是错综复杂的。在德国，社会尊重技术知识的历史源远流长，德国概念 beruf（职业）永久地记录在"双元制"当中。和新加坡一样，制度化的高薪资水平（如果忽略外来工人工资）促使雇主自发地、最大化地提高技能水平和劳动生产率。

德国新社团主义的形式和法国中央集权的传统及英国新自由主义形成鲜明对比。德国的特征不同于法国强大的中央集权或英国的撒切尔新自由主义模式。在德国，很多职能都被转移到州（Länder）。州的作用不仅仅局限于干预（Streeck，1997），州和社会伙伴还拥有很多监管职能。其中，社会伙伴在经济政策的制定中发挥了核心作用。这种模式在 1983 年正式得到应用，随后德国又实施了一系列的新社团主义措施，可以说直接刺激了国家培训的改革。与此同时，这种形式引起了澳大利亚霍克工党政府的浓厚兴趣。

市场，包括劳动力市场在内，都在一个中心框架内受到严格管制和区分。劳动力市场及其过渡过程由劳动市场主导。监管能有效地推动用人单位提供培训。社会伙伴关系的管理，不仅能够影响工资水平，还可以设定高标准的就业人员资格，签订行业协议，这些可以大大减少技术工人被挖墙脚的现象出现。德国的这种制度安排在员工工作任期内收效良好[①]。管制的劳动力市场和相关的就业保障，对提高员工的技能和任职资格起到有力的助推作用。

德国公司的层级结构相对扁平化（Maurice 等，1989），并鼓励实行弹性工作制和培养多面手。此外，德国公司法倾向于鼓励企业对培训进行长期投资，企业通过采取各项措施减少短期收益的压力，防止收购或并购。

在德国重新统一之后的近 10 年内，经济发展有些止步不前，表现为失业率上升和经济增长速度下滑。产生这种现象的原因，一是两德统一对于国家各方面的消耗很大，二是受到欧洲经济整体衰退的影响。然而，经济不景气引发了人们对德国经济整体结构健康与否的拷问，同时，也给社会伙伴关系带来巨大压力，包括那些被不断研究和欣羡的培训体系。

二、教育体系

德国中等教育体系的主要基础来源于 1944 年英国《巴特勒教育法》（Butler Act）确立的英国战后教育体系的制度原型。教育体系分为 3 条轨道：学术（文法）、普通（现代中学）和职业（技术）学校。图 9 展示出了德国教育体系的概况。

德国中等教育体系将初中（Gesamtschule）认定为起始点，学生从这里开始分流。从本质上讲，德国体系是拉弗（Raffe，1993）的学术/职业二元教育体制中的一种情况，让学生在小学毕业后选择学术或职业走向。大约有 30% 的学生选择学术方向，以获得高中毕业文凭（Abitur）或者偏

---

① 德国的平均任期是 7.5 年，日本是 8.2 年，美国是 3 年（Streec，1996，p.144）。

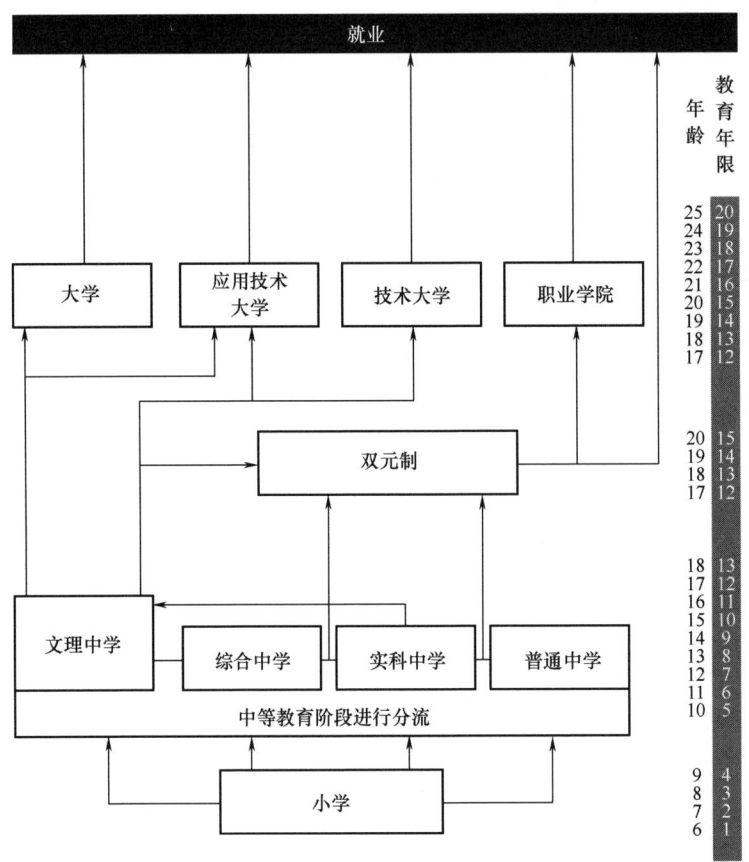

图9 德国的教育与培训体系

职业方向的高等教育入学资格（Fachhochschulreife）。这部分学生中的大多数会进入高等教育，取得高中毕业文凭的学生大多去大学，偏职业方向的毕业生大多去应用技术大学（Fachhochschule）。正如图9所示，这些学院可以提供很高水平的技术教育。所有获得高中毕业文凭的学生，都能进入免费高等教育体系（Curtain，2000）。这就给高等教育带来相当大的压力，尤其是在德国重新统一后财政负担加大的情况下。大部分学生要进入普通中学（Hauptschuleand）和实科中学（Realschule），并将在毕业后进入学徒制中的"双元制"体系。

事实上，教育体系远比图中所示的主要结构复杂。比如，综合学校同样存在，它们的数量虽然很少，但也包含技术和职业教育。再如，各州的学校形式多种多样。德国的教育体系在高中后更加复杂，因为它包含着各种各样的教育和培训机构。然而该体系各部分的衔接是相对正规的，学生要完成它各个支流项目后才能进入其他机构。同时此体系也不乏灵活性，例如，学生可以从实科中学进入高等教育。灵活性越大带来的压力也越大，为此，大多数学生仍然会选择常规的标准路径。德国学术教育和职业教育的分离比其他大多数国家都要彻底。

所有德国青年在19岁之前都需要进行某种形式的全日制或在职的教育和培训，因此，教育和培训的参与水平非常高。如果把"双元制"看作是培训，而不是就业体系的话，那么德国人进入劳动力市场相对较晚。完成高等教育学习的人，能在30岁前加入就业大军。越来越多的年轻人选择以学徒制的形式完成中等教育，然后进入高等教育。在一个高度证书导向的劳动力市场（Northdurft，1989），这条途径显然行之有效。德国的教育标准相对较高（OECD，2000），它被看作是技能形成的平台（Green 和 Steedman，1993）。

德国教育体系作为典型的学术/职业二元制，它和技能形成的关系一直备受争议。20世纪80年代初，英国政府以"青年培训计划"的形式复制"双元制"，无疑加强了对学校体系中优秀学生（A-levels）的精英学术路线的保护。同样地，多尔蒂（Dougherty，1987）认为，"双元制"确实是一项劳动力市场分配制度，不少澳大利亚的专家（如 Penington，1993）希望本国借鉴德国这种体系。这些争论显示了中等教育、职业培训以及从教育到就业之间内在联系的问题。

正如表6所示，德国人口的整体资质水平是非常高的。当大家提及技能标准导向时，无疑会想到德国的劳动力在所有国家中的技能水平最高，因而，将德国作为高技能经济体的典范无可争议。

表6 1998年所选国家具有3~6级资格的人数

	3级 高中 (%)	4级 中等后非高等教育 (%)	5/6级 高等教育及以上 (%)	3级及以上 (%)
德国	56.3	4.4	23.0	83.7
英国	57.3	—	23.6	80.9
日本	49.5	—	30.4	79.9
法国	40.0	0.2	20.6	60.8
美国	51.6	—	34.6	86.5
经合组织国家中位数	41.9	2.0	21.8	65.7

资料来源：OECD Database，table A2.1a.

三、初次职业教育

德国的初次职业教育是由技术学校体系（普通中学）和"双元制"提供。大约25%的小学毕业生进入普通中学，但课程相对宽泛。普通中学和实科中学的大部分毕业生将进入"双元制"系统，在过去的20多年内，有60%~70%的年轻人选择了学徒制。

正如整体的教育体系，德国的初次职业教育远比"双元制"和技术院校之间的简单区分更复杂。图10显示，有大量的院校会加入"双元制"队列，这些院校既可以提供"双元制"的脱产培训，也可以为那些无法找到学徒岗位的人提供全日制培训、专业培训（例如护理）、学徒后培训和高级培训，包括研究生培训。一些特定的州对院校有不同的限制。

不仅仅是多样性，德国学徒制系统的规模和全面性也是其他任何国家无法匹敌的。除了丹麦，没有国家可以达到德国的学徒参与水平。德国的行业投资水平同样非常高。德国的体系是建立在由社会伙伴关系、分散式

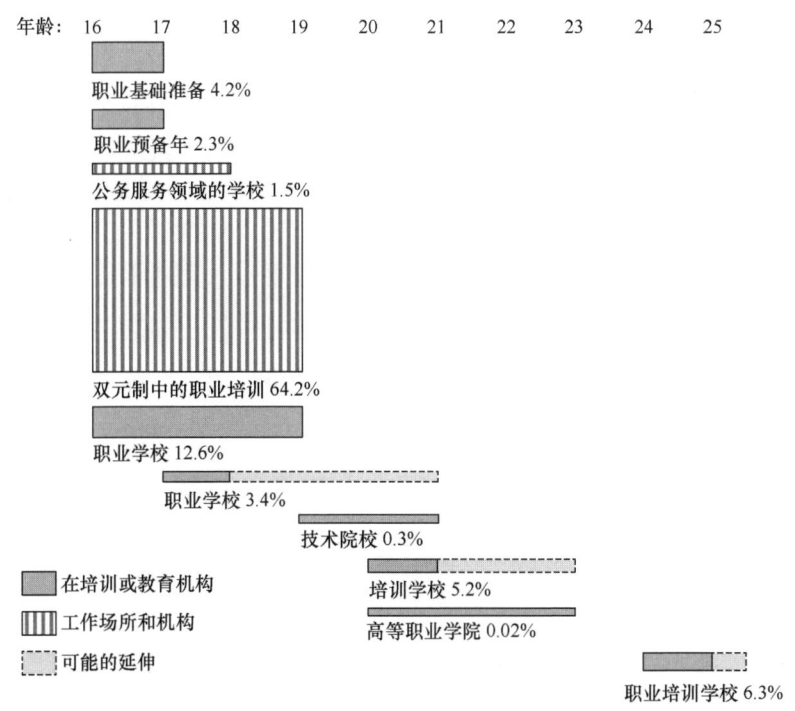

资料来源：EC，1999．

图 10　1995—1996 年初次职业教育项目分布比例

的社会调控以及由联邦职业教育研究所（BIBB）制定的条例规章组成的一套精密系统的基础之上的。学徒制的培训合同的时限通常是 3.5 年，学徒在企业内由师傅监督，每周两天在学校（Berufsfachschulen）进行一般的理论学习。德国学徒制体系一般情况下是高度管制的，与澳大利亚新学徒制截然相反。一个企业在没有合格师傅（Meiste）的情况下不允许接收学徒，每一个师傅都需要兼备技术与教学资格。学徒的职业类别范围广泛，但各类别出现了一种更趋向于工业而不是手艺的合并趋势。

"双元制"的完成率很高（一般为 90% 及以上），它的规模及其汇集的社会和行业投资，对保持相对较低的青年失业率均有卓越的贡献，尽管这种效果可能会逐渐减弱（Muller 等，1998）[①]。"双元制"提供了一种极高标准的职业技能，超过65%的德国劳动力拥有职业资格。其中，标准由联邦职业教育研究所和商会制定，监督工作则由企业层面的工作委员会完成。培训完成后即留在本行业（约70%）和企业（约60%）的工人的百分比是相对较高的，但其比例有逐渐下降的趋势（Putz，1994）[②]。

该体系依赖于雇主提供学徒岗位的意愿和年轻人完成学徒制培训的意愿[③]。雇主的意愿通常源于德国的学徒工资相对较低，如表7所示。社会伙伴关系的文化和制度也起到了一定作用。无论如何，这些都有助于提升员工对公司的忠诚度从而降低其跳槽的概率。行业集体协议也有利于提高员工的培训标准，不仅为雇主培训员工，也为员工接受培训提供了一个强劲的动力。同时，它对继续培训也产生了激励作用，20%的学徒会选择升级接受继续培训，直到晋升为师傅（Green 和 Sakamoto，2000）。

"双元制"会受到周期性危机的困扰，主要是行业场地不足的问题[④]。面对此种境况，德国实施了一项类似澳大利亚"非学校企业交替培养类学徒"（out of trade apprentices）的措施，年轻人可以在职业技术学校接受全日制培训。1995年，民主德国的所有学徒中大约有25%是"非交替类学徒"（CEDEFOP Dossier，0/1995）。一些年轻人也在16岁之后从事全日制技术学习。那些在"双元制"体系外的劳动力需要在19岁之前进行在职学习。

[①] 各种学徒制体系显然有利于降低青年失业率，经合组织国家（德国、奥地利、丹麦、瑞士）中的很多体系内的青年和成年人失业率都低于经合组织国家的平均值。尽管有些证据表明，青年工作者的早入职和结构化的就业可能会创造新岗位或促使雇主进行招聘，但是，学徒体系是否会对就业进行重新分配仍不确定（Rosenbaum 和 Kariya，1991）。

[②] 例如，英国青年培训计划仿照了"双元制"，但是并不成功，不仅仅是因为它的完成率不足40%。

[③] 不同行业间的工资差距很大。贸易行业的工资越来越高，而理发业和裁缝业等行业的工资却在逐渐降低（Putz，1994）。

[④] 例如，1997年的欧洲职业培训发展中心档案（3/1997）记载，德国的学徒制市场在日渐没落，它有58 000个职位，却只有150 000人申请。

表7 1980—1993年欧洲国家的学徒制比较

国家	学徒制数量			学徒工资
	1980年	1992年	1993年学徒在年轻人中的比例	
德国	1 712 728	1 388 322	66%	18%~32% 平均27%（1993）
法国	228 800	206 000	10%	最低25% （第1年，16~17岁）
英国	262 000 (1983)	245 000 (1993)	目标：在16~17岁人中达12%	78%（第3年，21岁以上）（1994）和雇主协商，没有最低工资（1994）

资料来源：CEDEFOP，1995.

"双元制"在过去的100多年经历了频繁的改变。目前的道路也很艰难。东德、西德重新合并产生了巨额的费用，原东德的就业岗位水平偏低，经济衰退较严重。与此同时，德国的社会契约作为产业结构和技能形成的强有力支撑，正面临全球经济变革带来的巨大压力。

四、继续职业教育

继续职业教育体系是初次职业教育体系的延伸，产生在工作场所内和德国技术教育与培训结构中。很多已完成初次职业教育的工人会在以后再次接受培训，文化期望和管理法规为他们的再次培训提供了便利。投身特定的职业类别需要获得由行业协会确定的受到法规保障的资格，这也对继续职业教育提出了需求。

雇主也必须为自己的培训进行投资，例如，无论是招纳学徒，还是建立自己的业务，大多需要师傅证书。自主经营的工匠必须依法持有资格证书（HMI，1992），这个证书比德国或澳大利亚学徒证书有更高水准，因此，他们需要参加进一步的培训。由于德国劳动力市场的职业结构特点，继续职业教育经常与已获认可的资格相关联，因此，部分资格认证地点设在培训机构。

参加继续职业教育与培训的德国劳动力的数量日益攀升。对于可能留在公司的员工，雇主更希望他们完成继续职业教育（Schomann，1998），因此，继续职业教育和劳动力稳定性之间存在清晰的关系。另外，继续职业教育与德国企业未来的发展前景也密切相关。这种关系也有利于发展国内劳动力市场，但这可能会与德国劳动力市场的职业分割结构有所冲突。也有证据表明，它增加了不平等性（尤其是对妇女），且阻碍了一些工人（年龄较大的或缺乏资格认证的）接受继续职业教育。有证据显示，德国工作者的受教育基础深厚，"双元制"为德国企业开展继续职业教育提供了有力的平台。

五、问题

德国经济在近10年不断面临压力。表现之一，即"双元制"的场地短缺，这使得企业怨声载道。抱怨的内容包括工资成本从90年代早期开始不断提高，休息时间的增加以及相关的成本上涨。产业结构的改变使得规模较小的公司接收的学徒减少。另外，新（东德）州无法提供充足的学徒场所。其中一个州（勃兰登堡），只有30%的青少年能找到合适的学徒场所，只有28%的公司招聘学徒（Green和Sakamoto，2000）[①]。

学徒的适龄人口数量的下降部分地缓解了场所的短缺问题，然而，学徒对完成学术教育的总体需求仍是有增无减的。越来越多的学生既能完成

---

① 1995年，欧洲职业培训发展中心的档案记载，东德60%的地方职业教育是由国家资助的，25%地方的职业教育资助来自企业（0/1995）。

学徒制又兼顾高等教育的学习，因为兼顾二者的这条路可以为就业提供有力保障。截至1999年，学校毕业生中参加学徒计划的人数已经重新上升到655 000人（CEDEFOP Dossier，1/1999）。

德国政府对培训场所进行了一定资助，这些培训场所也包括私人技能培训中心。同时，政府采取了一些措施，以尝试扩大培训场地的行业覆盖面，鼓励联邦职业教育研究所积极与社会伙伴对话，推动"双元制"改革。社会民主党在执政之前，提出要实施培训税（CEDEFOP Dossier，3/1997），但现在已经放弃了这一计划（Green和Sakamoto，2000）。政府对那些提供学徒名额的企业给予了优惠，并在公共部门和机构创造了超过150 000个工作岗位。这些措施是在社会伙伴关系的模式下实施的，不同于英国政府在20世纪80年代和澳大利亚政府在20世纪90年代的行动，后两个国家的政府监管和干预的作用非常有限。联邦职业教育研究所针对未来的任职要求，提出了"早期诊断"体系（CEDEFOP Dossier，3/1998），这与英国和澳大利亚的市场举措完全不同，这两国政府对劳动力市场的规划一直持怀疑态度。

近期，德国不断出现希望教育体系变得更灵活的呼声，并且出现了一系列的创新举措。一些州已经开发了"双元资格"（Dual qualifications）。技能形成性质的改变也对学徒制的职业性质产生压力，包括德国文化中非常强大的职业认同感。创新措施包括新培训教材的开发，标准的强化，实习内容的升级及将培训资格证书广泛描述为"名片"（business card），这种"名片"有点类似澳大利亚的"技能通行证"。"双元制"与高等教育课程之间的衔接也得到了支持（CEDEFOP Dossier，1/1997；2/1997）。

"双元制"的监管体系面临不断调整①。然而，它与雇主的紧张关系仍然存在，呼吁改变被看作是"太昂贵，太漫长，效率不足"（CEDEFOP

---

① 例如，联邦职业教育研究所（BIBB）引进了100个新规定和26个新培训职业。

Dossier，2/1996）。另一方面，工会也表达了他们对标准将消弭的担心，并呼吁在职业教育和普通教育及培训之间建立更紧密的联系（CEDEFOP Dossier，1/1996），广泛检验体系内部从而建立更通用的分类（CEDEFOP Dossier，1/1999）。雇主和工会对教育部关于将培训课程减少到两年的建议做出了不同的响应（BIBB，2/1998）。然而，社会伙伴仍然团结一致地坚持着原来的培训体系（BIBB，2/1998）。

职业教育与培训，特别是德国的"双元制"，在20世纪80年代中期曾遭受危机。图11显示，德国为"双元制"提供足够场所的能力下降，同时，其满足与不断变化的经济需求相适应的技能需求的能力存疑（Casey，1992）。然而，它已经安然度过了这10年，但在一系列新环境下，它是否可以再次重塑自己，维持社会伙伴关系，还有待观察。

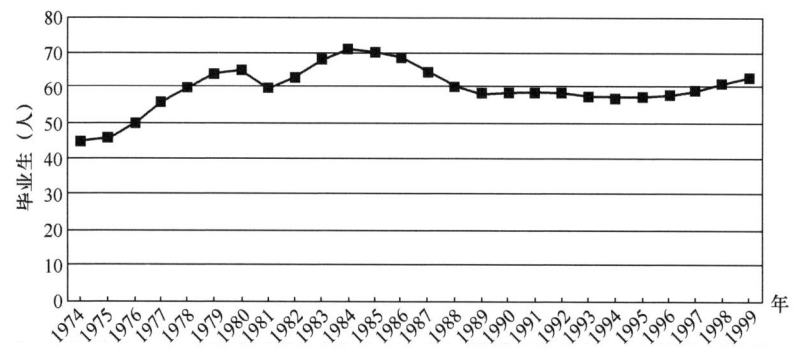

资料来源：Casey，1992.

图11　1974—1999年的学徒制毕业生数

德国经济正在面临其他方面的压力，这可能会影响培训体系。东西德合并的成本非常高，这给政府财政带来了沉重负担，其中包括培训资金。除去培训中的大量行业投资，国家对继续职业教育的支出也非常大。青年失业危机和联合承诺的行动计划（CEDEFOP Dossier，2/1999）也在刺激国家增加对初次职业教育的投资。

工资成本高可能给德国在欧洲及欧洲之外的市场竞争带来压力。如对工资放松管制将对"双元制"造成一定破坏,这是因为学徒的报酬与工资总体水平相关。同时,全球化使传统的高技能和高品质的出口产业面临更大的竞争压力。

企业也做出了积极的回应,包括在国外建立工厂,与国外企业合并(如汽车行业)和通过精益生产方式努力降低成本(Streeck,1996)。当下的情形确实威胁到了行业协议和社会伙伴关系。过于强调国际金融和短期利润可能会使现状恶化,也可能会出现更大的灵活性和各种各样的本土化解决方案,而对企业原有系统产生冲击。这些变革可能会威胁到"高工资、高技能"的资本主义生产模式。德国各州和社会伙伴之间的对话表明,他们意识到了这些困境,对话的结果是将在技能形成和社会伙伴关系方面产生更备受推崇的模型。

第三节 英 国

一、经济

英国是由英格兰、苏格兰、威尔士和北爱尔兰"四国"组成的联合王国。英国经济在第二次世界大战后经历了长期停滞,而大部分的欧洲邻国却保持着相对强劲的经济增长。1990—1999 年,英国的年均经济增长率放缓到 2.2%,而 1980—1990 年的年均增长率为 3.2%。1999 年的年均增长率是 2.1%,低于九个国家的中位数 2.7%。

作为世界上第一个工业国家,如今,英国的制造业效率低下,缺乏竞争力。撒切尔政府在 20 世纪 80 年代出台了激进政策,导致制造业领域的就业显著下滑。目前,英国的就业主要集中于服务业,其就业比例在 1992—1997 年占男性劳动力的 59%,女性劳动力的 86%。

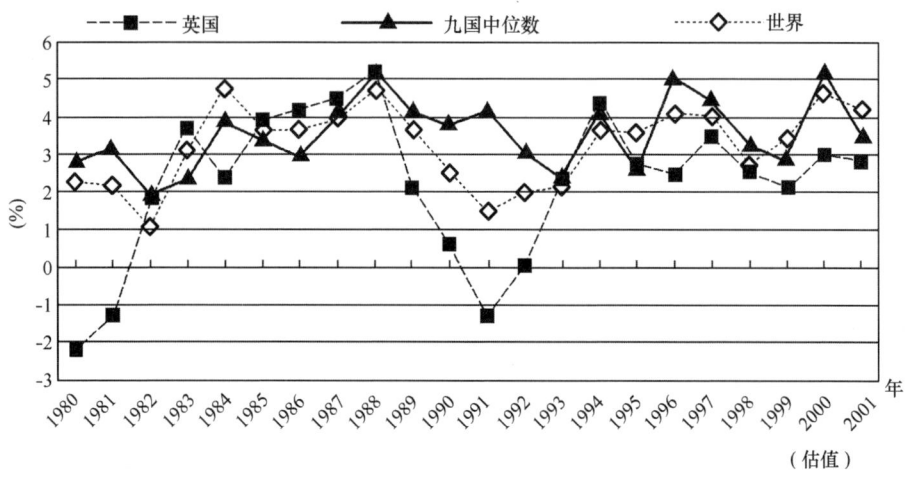

资料来源：IMF, World Economic Outlook Database, 2000.

图 12　1980—2001 年国内生产总值增长率

成人失业率和青年失业率虽然都比较高，但都低于九国平均值和经合组织国家的平均值。20 世纪 90 年代末，失业率从 7.1%（1994—1997 年）下降到 6.6%，青年失业率从 15.5%（1994—1997 年）下降到 13.5%。尽管如此，专家们仍坚持认为英国的基本技能基础薄弱。

格林和坂本（Green 和 Sakamoto，2000）认为，英国拥有大量的大学毕业生供给，在科学信息技术和商业技能等方面都有厚实的基础，但其从科学到创新的过渡中却存在不少弱点，如中级技能（intermediate skills）水平低下，低技能劳动力众多，社会资本基数小等。

职业教育与培训，特别是企业培训，在英国国内已引发了不少非议。20 世纪 80 年代到 90 年代，国家经济和社会调查研究所进行了大量的比较研究，研究表明，英国各行业的技能形成的水平始终低于其他发达国家（Prais，1987）。行业把不愿意组织员工培训的苦恼归因于"培训似乎有偷猎他人技能之嫌"。芬戈尔德（Finegold，1990）将英国经济描述为：陷入低工资、低生产率和低培训水平的低技能平衡。

表8 经济和教育指标

	英国	九国中位数
人口（1999）[1]	5 910 万	—
人均 GDP（美元）（1999）[2]	24 715 美元	24 751 美元
GDP 年均增长率（1990—1999）[1]	2.2%	2.7%
失业率（1994—1997）[3]	7.1%	4.9%
15~19 岁的青年失业率（1998）[4]	15.5%	15.2%
劳动力的年均增长率（1990—1999）[1]	0.3%	1.2%
公共教育支出占 GNP 的比例（1997）[1]	5.3%	4.8%
中等教育的学生净注册率（1997）[3]	92.0%	92.0%
受教育年限（1998）*[4]	17.1 年	16.6 年

*：包含所有教育阶段，5 岁以下的幼儿教育除外。

资料来源：（1）World Development Report, 2000/2001；（2）IMF World Economic Outlook Sept, 2000；（3）World Development Indicators, 2000；（4）OECD Database.

表 8 所反映的糟糕表现，与英国对技术和实践学习的文化排斥（Weiner, 1981），以及英国政府的自由主义传统及其对经济管理实施自由放任政策有关（Green, 1990）。志愿主义的传统已经渗透到英国的教育和培训当中（苏格兰部分除外），甚至是企业培训领域（Senker, 1992）。格林和斯蒂德曼（1993）将英国薄弱的工业技能基础归因于学校体系的不完善，其未能为技能发展提供健全的平台。1997 年，英国的公共教育开支占总开支的 11%，而经合组织国家平均水平为 13%。如表 9 所示，英国在初等、中等和高等教育方面的支出都相对较少。

表9 1997年各级各类教育中学生的人均支出

	英国（美元）	九国中位数（美元）*	经合组织国家中位数（美元）
幼儿教育	5 312	3 603（7）	3 463
小学教育	3 206	3 470（7）	3 851
所有中等教育	4 609	4 927（7）	5 274
高等教育	8 169	9 390（7）	8 612

*：九国中位数并不包含所有国家的数据，括号内的数字表示可获得数据的国家数目。

资料来源：OECD Education Database，table B4.1.

也有人认为，国家对企业培训的干预不能一以贯之，而且，这也于事无补。英国关于职业教育与培训的激烈讨论已经延伸到经济领域，讨论者指出其战后经济的不景气，英国自从取得第一个工业国家的地位之后，工业持续衰退。20世纪70年代，英国出现了工业相对下滑和青年失业现象，政府实施了大量的干预政策，但似乎一直不见成效。其中，解决青年失业问题的最主要的干预措施是20世纪70年代的"青年培训计划"（后来的"青年培训"），主要借鉴了德国的"双元制"。该方案虽然一直在实施，但效果并不显著，1991—1992年的完成率只有38%（Finn，1993）。

与澳大利亚的系统类似，英国的企业培训也建立在企业学徒系统基础之上。该培训体系同样面临着多重压力：制造业衰退，青年劳动力市场低迷，监管框架失效。20世纪80年代，澳大利亚通过了《价格和收入协议》（Prices and Incomes Accord），并制定了关于津贴的其他干预战略，伴随柯比报告（Kirby report）还引进了其他培训形式，这些都有力地支撑了入门级培训。同一时期，英国学徒制受到了撒切尔政府所颁布的工业政策的强烈冲击。对劳动力市场放松管制的政策的实施，对社团主义的排斥以及投资对金融业的偏好，无疑都加速了制造业领域就业率的下降和学徒培训的快速衰落（Gospel，1995）。政府本身也并不赞成学徒制，因为它过于僵化，管制性强。其后，继任的布莱尔政府试图继续投资学徒培训，建立现代学徒制。

在学校领域，20世纪70年代末，教育部门对经济和就业的结果漠不关心，工党政府认为，这种现状需要改变。这成为后来历届英国政府的一个不变的主题，并在过去的20年中对政策制定产生了强烈的影响。中学教育为了引入职业主义而实施了一系列措施，包括技术和职业教育计划（TVEI），大量的校企合作项目，核心技能（现在称为"关键技能"）和培训。大部分高中学生选择了继续教育（大致相当于TAFE），政府对国家普通职业资格（GNVQs）给予了巨大投资。

苏格兰采取了不同的路径。中等教育学校早在20世纪90年代初期就开始使用职业教育与培训模块[由职业教育与培训机构——苏格兰职业教育认证协会（SCOTVEC）认证]，引起了国际社会的广泛关注。20世纪90年代后期，苏格兰、英格兰和威尔士的学校和认证机构逐步合并。这对澳大利亚的维多利亚州政府制定政策产生了一定影响，同时也引起了澳大利亚其他州政府的极大兴趣。

二、教育体系

最近修订的《宪法》，将一些政府职能下放到威尔士、苏格兰甚至是北爱尔兰议会。联邦内的英格兰不需要设置英国议会。在教育和培训领域，英格兰和威尔士被作为一个单独的实体进行管理，而北爱尔兰的课程则保持一定程度的独立。苏格兰一直维持独具特色的教育体系，这在国际范围内特别是在澳大利亚各州和新西兰引起了广泛关注。在培训领域，英国普遍采用了更加常见的路径，但苏格兰依然另辟蹊径。

英格兰和苏格兰的教育体系是不同的。1944年的《教育法案》为英格兰"11＋考试"的教育体系奠定了基础。小学毕业的学生一部分进入学术流，到文法学校就读并最终拿到高级水平（A – levle）证书，另一部分则进入现代中学就读，并倾向于在较小的年龄离开学校。这种分流系统在20世纪70年代的"全面重组"政策下被基本废除。而有些地方试图重振文法学校，但只有部分取得了成功。

关于分流体系的历史争论逐渐被提高"在读率"（staying on）和"职业化进程"（vocationalization）的压力所覆盖。职业化进程也包括入门级培训的复兴，和澳大利亚一样，英国逐渐意识到学校需要在入门级培训中发挥作用。后来，包含学术、普通职业［国家普通职业资格（GNVQs）］和职业资格［国家职业资格（NVQs）］三部分的教育体系诞生了，也就是拉弗所谓的"混合模式"（Raffe, 1990）。

这种模式的核心是防止学术类学生对路径的选择发生改变，尽管一系列的报告指出他们基本上保持不变，一直会走通往大学教育的精英路线。英国应该为16岁以后的学生提供教育还是培训的争论已经持续了20年之久，争论的最终的结果之一是为学生提供学术教育。另一种理想模式是建立统一的体系，将各种教育利益融合在一起。这包括政府资助的报告（Higginson, 1988），颁证机构（award body）（Crombie White 等，1995）和独立教育机构（如 National Commission on Education, 1993）。在各种矛盾和压力的影响下，英国目前使用的职业教育与培训体系框架最终确立。

英国教育体系的基本架构如图13所示。它有两个方面的特点：兼有基于提供者的结构和资格的结构。

（一）教育提供者

在英格兰和威尔士，中等教育的学生一般会在学校获得普通中等教育证书。这个层级的国家普通职业资格正在推出。一些学生也会加入青年培训计划或现代学徒制，以获得国家职业资格证书。高中学生可以进入各种院校。一些（现在是少数人）留在中学（综合和文法），其他人将进入各种机构的继续教育（FE）领域，包括主流继续教育学院、城市与技术学

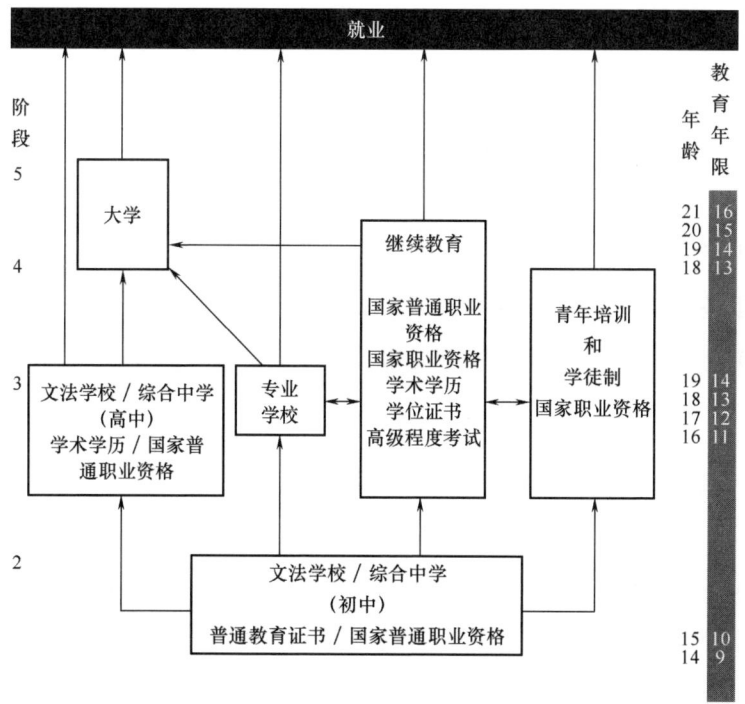

图 13　英格兰和威尔士的教育体系

院、大学和预科学院。新的高中教育机构还在规划中。所有这些机构同时提供学术学历和国家普通职业资格证书。继续教育学院是青年培训计划和学徒计划脱产学习的主要提供者，也会授予学生国家职业资格证书。拿到国家普通职业资格的学术教育的学生可以进入大学。进入大学的学生人数日益增加，除牛津大学和剑桥大学之外的其他所有大学都承认这些资格证书。

（二）资格

资格架构使英国体系具有与众不同的"三重"结构：学术学历（A-levels），国家普通职业资格（GNVQs）和国家职业资格（NVQs）。这些资格是根据其水平高低被等值评估。所谓的等值是通过"国家资格框架"建立的，是基于"描述符"的，很像澳大利亚的资格框架。一般而言，学术学历被认为更优秀（DfEE，1997）。和澳大利亚的情况一样，描述符在区分国家普通职业资格和国家职业资格中发挥了重要作用。最近，一份关于16岁到19岁孩子的教育和培训的研究报告（Dearing，1996），为建立一个更健全的共同框架提供了建议措施。但是，该体系仍被指责存在"严重模仿"（Young 和 Leney，1997）。

近期，英国政府撤销了教育和培训资格管理机构，取而代之的是在英格兰和苏格兰成立的单独管理机构。澳大利亚的一些地区也经历了同样的发展，特别是维多利亚州和昆士兰州。各自的资格架构中运行各自的"颁证机构"（award body）。英格兰和威尔士有三大机构：伦敦城市行业协会（City 和 Guilds）、皇家艺术协会（Royal Society of the Arts）、商业与技术教育理事会（Business and Technology Education Council）。这些机构，尤其是伦敦城市行业协会，在国际范围内开展业务，并在许多前英国殖民地中声名显赫。很多行政部门被取消，被统一融入教育与就业部（DfEE），由教育与就业部来负责职业教育与培训。

在整个20世纪80年代，英国对教育和培训的参与度相对较低，但却在持续不断的创新。学术教育的创新并不明显。三重体系中的职业和混合元素中的创新更为突出，包括课程和资格改革、资金安排和提供者的多样性。英国提供了在一个强大的市场意识形态下，关于国家对职业教育与培训的作用的丰富研究。国家不仅采用了与众不同的市场机制，还尝试了包括使用教育券、提供者多元化和自主性，以及强大的行业领导力等，进行了大量的行政改革，提出了需要在教育与培训领域参与和达成的目标[①]。

（三）能力

国家职业资格（NVQs）是一整套的职业资格，包括学徒培训、公司培训、成人教育或职业教育与培训以及相关机构提供的行业培训。它的目

---

① 2000年的目标：年轻人中，19岁的85%有2级资格；21岁的60%有3级资格；成人当中，50%有3级资格，28%有4级资格；45%的中型或大型组织机构获得"人民投资者"认证（如下）（DfEE，2000）。

的是使所有的颁证机构所采用的资格标准与国家职业资格相统一。和国家普通职业资格（GNVQs）一样，以职业能力为基础的国家职业资格在能力、模块和资格的概念、结构和框架问题上也存在争议。

能力或职业标准是由行业中的领军者制定的，目前，它被70个国家的培训组织所代替，由颁证机构在资格权威机构制定的框架指导下，开发成具体模块。国家职业资格共涉及11个方面，其中之一是"开发和拓展知识和技能"。澳大利亚的初始体系与它类似，是由国家发展培训委员会负责制定标准，再由国家培训认证机构进行培训模块的开发。

国家职业资格和澳大利亚的能力单元在概念和结构上均有很大的差异。国家职业资格的教学更多地侧重于结构化的基础知识。和澳大利亚相同的是，认为对效果的评估十分关键。英国的国家职业资格更侧重行业导向，而国家普通职业资格则更多地培养出职业教育与培训领域的多面手，这些领域统一使用的是像澳大利亚培训包中的共同框架。因此，从某种程度上说，这是围绕基础知识出现了不同类型的争论。总体而言，基础技能比文化知识更受重视。

在英格兰，颁证机构一直游离在框架之外，它们颁发的一些资格证书也不包含在框架内。英格兰和威尔士以前的机构是全国职业资格委员会（National Council for Vocational Qualifications），但它最近与学校机构进行合并，组成了全国资格管理委员会（National Qualifications Authority）。

英国学术教育之外的教育和培训在模块化的方法上进行了大量的投资。甚至苏格兰的高中教育都是模块化的，是整合了学术和职业教育的产物。模块化的方法积极地推动了英国的三重道路之外的路径发展，可以等同于国家普通职业资格，从而有效地融入共同框架中。澳大利亚可以借鉴这种方法，以减少学校中职业教育与培训所造成的分流压力。

如上面所指出的，苏格兰的管理与其有着本质上的不同。它的高中教育体系是统一的，以模块为基础，从而将职业教育模块有效地融入学术教育及普通职业教育中。苏格兰已经开发了国家职业资格——苏格兰职业资格（SVQs），但很少使用。苏格兰当局反对差异性的出现，这恐怕是不仅是基于苏格兰的产业特色，还涉及民族主义。不同的资格之间有一些互相借鉴。苏格兰的资格机构——苏格兰资格管理局（the Scottish Qualifications Authority）也是一个单独的颁证机构。

三、初次职业教育

一些官方出版物（如CEDEFOP，1999）将混合的国家普通职业资格（GNVQs）归为"职业类"，这是值得商榷的。大多数已经取得二级国家普通职业资格的毕业生会继续深造，很少进入职业培训流（国家职业资格）。国家普通职业资格包括"核心技能"，类似于核心竞争力，但是更为分散而非嵌入模块[①]。它们尽管具有职业方向，但却很难被视为初次职业教育。一些专家认为他们有学术导向。例如，霍金森（Hodkinson）和马蒂森（Mattinson，1994）认为，国家普通职业资格逐渐向学术类靠拢而远离国家职业资格，加剧了社会对行业培训轻视的传统。

正如图14所示，英国16~18岁的年轻人，参加全日制培训的整体水平较低。许多欧洲国家所达到的参与水平，英国难以望其项背。随着全日制教育整体参与率的提高，16~17岁的年轻人参加全日制培训的比例相对下降。但18岁青年的参与率得到部分提升。截至1998年，未接受学校教育的人中，只有7%参加过政府支持的培训，相比之下，有79%进入全日制教育，14%直接就业（DfEE，2000）。然而，这些数字具有误导性，这是因为，大多数学生（在英格兰和威尔士）正在继续教育学院接受高中教育。因此，这很难同澳大利亚进行比较，因为，英国

---

① 最初的"核心技能"与"关键能力"相似，后来均被"关键技能"取代，且数量减少，更加具有技术、沟通和终身学习导向。

的许多学生在接受全日制继续教育，相当于澳大利亚的学生接受技术与继续教育（TAFE）。

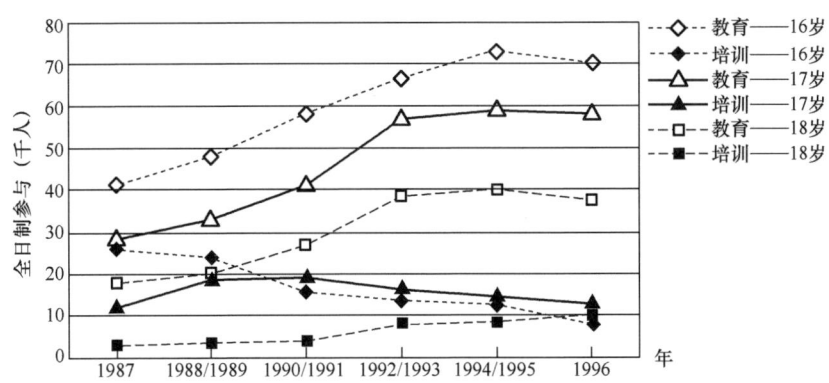

资料来源：OECD，1998.

图14　1987—1996年政府资助的全日制教育与培训中16～18岁学生人数

从图中可以看出，全日制教育与培训的参与率呈现下降趋势，而青年培训计划的参与率也在下降。政府最近在试图恢复对学徒制的重视，发展现代学徒制，但效果一般。图15显示，20世纪90年代，16～19岁的年轻人参加基于工作的培训的比率显著下降。这同澳大利亚的情况相似，主要是受1990年经济衰退的影响，但90年代中期继续保持快速增长。研究表明，英国入门级培训受经济周期影响显著，澳大利亚亦是如此。与此相比，欧洲国家要么通过较强的制度和监管框架扶持学徒制（德国），要么将学徒制引入到高中教育（丹麦和瑞典：CEDEFOP Dossier, 3/2000）。而这些"体系"对经济周期的反应并不敏感。

很多在学校和继续教育学院中取得国家普通职业资格的学生，甚至有些获得国家职业资格的学生，不愿意进行工作实习（澳大利亚也面临这种情况），或不愿意进行工学交替式培训（法国也面临这种情况）。因此，面向行业培训的国家普通职业资格越来越不受重视。行业培训在青年培训计划中的作用也开始受到质疑。

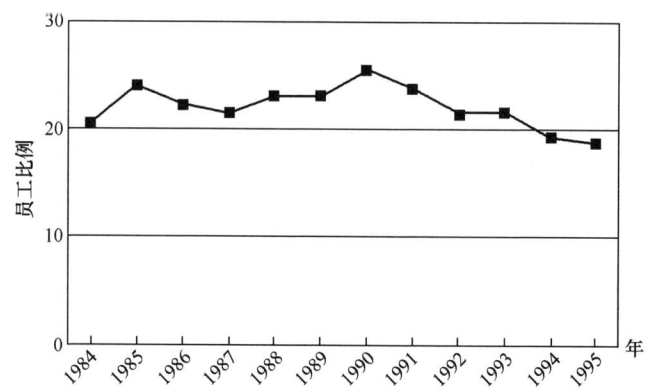

资料来源：Spours, 1996.

图 15　1984—1995 年 16~19 岁人口中接受基于工作的培训比例

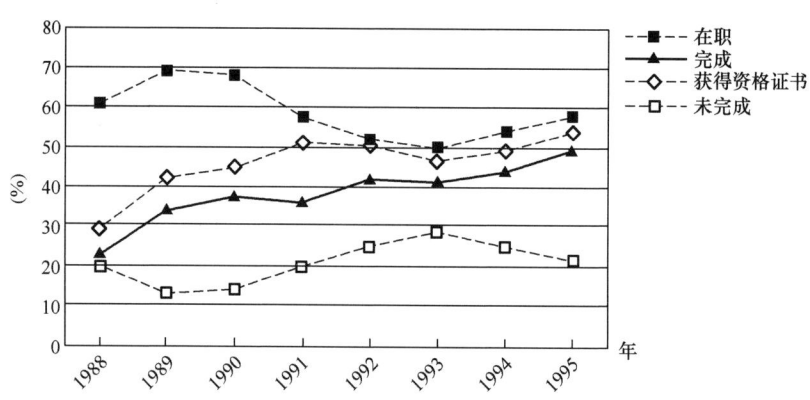

资料来源：OECD, 1998.

图 16　1988—1995 年青年培训结果

一定程度上，青年培训计划是一项应对青年失业的措施，而不是一个行业培训计划。虽然，其完成率在近年来有所提升，但是一直不高，可能与随后的教育和培训计划，包括现代学徒制的联系有关。马斯登（Marsden, 1997）认为，20 世纪 80 年代的政府对于学徒制的衰退乐见其成，这是因为，政府试图将其资源用于解决培训体系不足和青年失业这两大难题。其结果是,培训体系特别是青年的培训,在雇主和青年眼中名誉扫地,令人不齿。

四、学徒制

学徒制为英国产业提供了传统的基础产业技能。从图17中可以看出,学徒数量呈下降趋势。虽然20世纪90年代初期参加青年培训计划的人并不少,但这个项目对英国的产业技能贡献的多少仍值得怀疑。

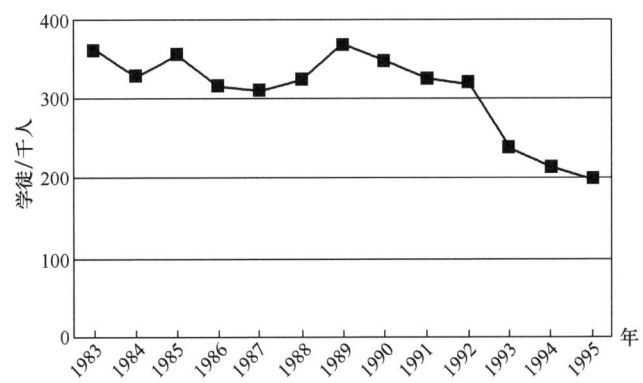

资料来源:DfEE,2000.

图17　1983—1995年在职学徒的平均人数

20世纪90年代中期,英国政府认识到,随着中部工业城市的衰落,过去放任学徒制衰减的做法具有消极性。于是在1994年,英国政府开始着手建立现代学徒制。其中的一个原因是政府认识到相对于培训而言,行业及其领导力与学徒传统更息息相关。这一点与澳大利亚类似。

现代学徒制的对象是16~24岁的年轻人,现代学徒制走的是以工作为基础的路线,它可以提供中级工艺、管理和技术技能中的三级及以上国家职业资格。培训框架是由与行业部门相关的国家培训机构所开发的。正如澳大利亚的新学徒制度,现代学徒制是与雇主签订更灵活的协议,给予培训机构更多的选择及更具弹性的工资结构。官方文件指出,一般情况下,学徒都会得到工资支付（DfEE,2000）。

一些证据表明,现代学徒制是比较成功的。目前,它的参与人数已达到 20 万人（DfEE,2000）,小规模企业的雇主也愿意接受学徒（DfEE,1998）。学徒对项目似乎也很满意,大多数人希望继续追随雇主,也愿意继续深造,这完全符合英国政府一贯重视的终身学习理念（Coleman 和 Williams,1998）。大多数参加现代学徒制的学生已完成普通中等教育,部分学生转向学术高中。然而,不乏存在一些担忧,因为,学徒的传统角色是作为"工人阶级"（working class）的男性的主要就业途径,现在正在被逐渐淡化。现代学徒制对于学术背景较差的学生、妇女和少数群体而言,门槛越来越高（Unwin 和 Wellington,1995）。

1997 年,政府推出了国家培训（National Traineeships）。这也为 16~18 岁的年轻人提供了基于工作的培训路径,但比现代学徒制持续时间短,完成培训的学生只能获得二级资格证书。他们学成之后可以继续完成现代学徒制。截至 1998 年 12 月,共有 3 万名学员（Everett 等,1999）参加了国家培训。政府还计划在 2002 年实施学徒学位,这将包括针对毕业生的以工作为基础的结构化学习。

政府为 18~24 岁的失业青年建立了一个"新政"（New Deal）项目。此项目可以提供四个选择,其中之一是全日制教育或培训。它同澳大利亚的"为救济金工作"（Work for the Dole）计划有一些相似之处[①]。

五、继续职业教育

英国在国际上关于继续职业教育领域的文献和争论是最为有趣的。英国将经济不景气,尤其是在制造业的表现不佳,同自由主义历史哲学及引

---

① 有趣的是,欧洲一些国家实施了与"为救济金工作"相似的项目,然而,这些国家的官员并不认同澳大利亚使用这样带有偏见性的术语。

发了一系列激进干预的激进保守派政府联系在一起。

其实,20世纪80年代的撒切尔政府解除了行业培训的半社团结构。包括放松对劳动力市场的管制和相关的培训场所的供给,废除曾为统一协调雇主培训资源而设立的培训委员会。培训委员会在该领域内拥有对企业收取培训税的权利,这种权利也随之被取消。

政府试图建立以行业为主导和以市场为基础的新模式。行业领导力在一些行业机构中已经初具规模,英国行业联合会(CBI)在英国培训领域具有相当的影响力,且受教育政策影响较小。20世纪90年代,英国行业联合会成功地为教育与培训制定了国家目标。

过去的几十年,专家们感叹英国企业明显不愿意投资培训(如Evans,1989),且质疑企业的投入水平。由于害怕人才流失,加上追求短期利润,企业往往置英国文化争议于不顾,而转向低技术含量的生产活动,而这种结果应该由英国教育体系的劣势来埋单。经合组织和加拿大统计局共同开展了"国际成人文化程度调查"(The International Adult Literacy Survey),调查发现,1994—1995年25~64岁的人口中参加继续职业教育的平均小时数,英国在九个国家中最低,参见图18。

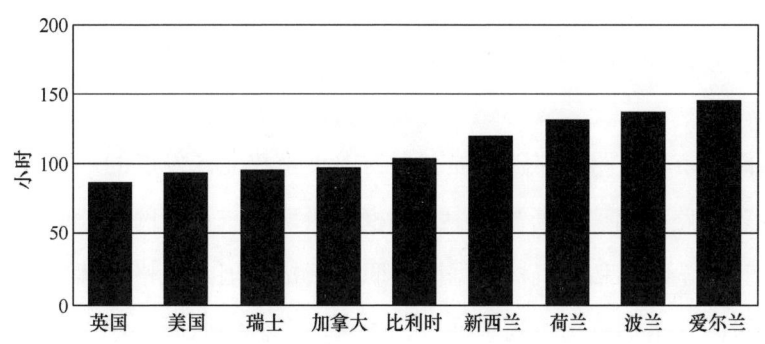

资料来源:OECD and Statistics Canada/International Adult Literacy Survey,2000.

图18　1994—1995年25~64岁人口中参与继续教育的平均时长

政府发起了"人民的投资者"（Investors in People）计划，它为企业的提升和培训设立了标准。1999 年，22% 拥有 50 名及以上员工规模的企业和 38% 拥有 200 名及以上员工规模的企业均参与了该计划。1998 年，82% 的雇主提供了脱产培训，28.6% 的员工接受了超过 3 个月的培训（DfEE, 1999a）。这些数字在过去 10 年中一直在攀升。它对培训倾向的影响类似于澳大利亚，包括：全职工作、年长的员工、更高层次的职业、更合格的工人，更大规模的公司和公共服务业。

布莱尔上台后，产业主导和市场道路的充分性遭到了质疑。培训税被重新提出，且倾向于更统一的标准。行业监管也开始施行，其中包括重新启用国家最低工资标准。国家颁布了明确的政策要加强对继续职业教育的干预。最近的举措有"小企业培训贷款"和"成人基于工作的学习"（Work Based Learning for Adults），它们在 1998 年取代了"为工作培训"（Payne 等，1999）。后者始于 1998 年，当时有 12 万人参与（CEDEFOP, 1999a）。另一个路径是将企业发展与继续职业教育相结合。例如，"人民的投资者"计划，以及建立 8 个区域发展机构和行业大学等。

英国致力于发展更强健的培训市场。教育和培训受到了市场经济的巨大推动，但市场经济的发展在布莱尔政府执政时期得到一定程度的节制。

然而，市场道路是伴随着强有力的中央集权元素发展的。之前的"志愿主义"道路的困惑逐渐被集中式的框架所取代。正规的继续职业教育是由继续教育学院和私营机构依据国家职业资格和国家资格框架提供的。该框架通过国家培训机构得到了推广，国家培训机构职能广泛，职能之一就是监督学徒制。

培训融资引起各方较大关注，培训的经费来源有 3 个途径。第一，继续教育资助委员会（FEFC）用成果导向的模式资助教育及其他培训的提供方。尽管该方式备受争议，但还是将市场机制引入初次和继续职业教育[①]。第二，建立由大约80个雇主主导的培训和教育委员会（TEC），以促进行业内培训。它们已经得到政府资金的支持，可以在企业、继续教育学院或私人培训机构内进行培训。第三，于20世纪90年代中期引进培训学分。

培训学分是一种教育券，可以与审核通过的培训机构进行兑换，它包括基于企业的培训。已经离开学校的人、重新进入劳动力市场或更换职业的人，如退役军人，都可以使用培训学分。该培训学分的成果喜忧参半。主要问题是价格很昂贵，其原因是需要支付平均成本而非边际成本。

最近的政府"学向成功"（Learning to Succeed）白皮书（1999，DfEE）已宣布，将研发"16岁以后学习的新框架"。学习和技能委员会将针对16岁以上学生的教育和培训需求，负责战略开发、规划、资助、管理和质量保证（CEDEFOP Dossier，3/1999）。培训和教育委员会（TECs）将被大约50个当地的学习和技能委员会所取代，继续教育经费委员会将被废除。资金的提供将依据一定的配比方案，部分会以需求为主。

英国政府强调终身学习理念，并为此任命了一位特殊部长，出台了一系列的方案，以保障理念的落实。建立行业大学就是措施之一。这是一个非常宏伟的计划，要在2004年实现超过百万人使用培训和学习包的目标。

六、方向和问题

英国职业教育与培训为澳大利亚的比较研究提供了丰富的资源。包括一些重要的方面：基于能力的培训与评估的实施，培训市场的道路，引入培训文化的尝试，应对青少年和成人失业的培训方法，试图去抓住就业、工作和未来学习的本质等。英国的国家与公民社会之间的关系正在被重新

---

① 结果之一就是，几个继续教育学院濒临破产，并被其他机构接管。

定义，这种国内环境下的教育与培训的政策局面是极其动态的。英国有悠久的自由与放任传统，但第二次世界大战后，先后经历过福利国家、国有化、撒切尔年代的新自由主义和市场集中制被重新定义。布莱尔政府企盼新型伙伴关系的出现，这种伙伴关系中"共同责任"的相关内容受到澳大利亚保守派政府的青睐。

除了以上提及的方面，英国的职业教育与培训体系还存在其他方面的问题。希拉等（Hillage，1998）发现，很少有雇主为他们的新员工提供长远的发展计划，也很少有培训记录和认证。一些评论报道（如 Green 和 Sakamoto，2000）和政府出版物（如 DfEE，1999a）都提到了上面的问题。格林（Green）和坂本（Sakamoto）认为，目前，职业教育的发展路径基本上是靠供给驱动［在志愿主义的传统背景下（Barrett 和 Dewson，1998）］，他们坚信，灵活的劳动力市场和工资竞争力可以带来更多利润[①]。他们的研究表明，产业政策对于发展高技能的经济起到了关键作用，但英国缺乏必要的产业政策；对于企业培训缺少强有力的措施；且缺乏推动技能升级的政策和短期主义文化的坚持。

正如有人（McKenzie，2000）所指出的，职业教育与培训体系的比较研究要放眼长远，不能仅从其所处的商品周期阶段来判断它的成功与否。通过对3个欧洲国家在1990年和2000年的职业教育发展情况的比较，可以得出全然不同的结论。专家们对英国经济的技能基础仍持怀疑态度。

---

① 英国的劳动力生产率相对低下（见图8），工资的分布也相对不均匀（见附录表8）。

第三章 东　　亚

在过去的 20 年中，职业教育在亚洲东部经济体中的作用引起越来越多的国际关注。无论是经济体还是正式的经济关系，亚洲东部都不同于欧洲。它既包括人口众多的中国，也包括人口很少的新加坡。它具有鲜明的文化差异，其中两个最大的经济体：日本和中国，为文化差异提供了最好的案例。然而，该区域也有一些共同的特征，最突出的是经济增长快。最初是日本经济发展最为强劲，但最近"亚洲四小龙"中的韩国、台湾和新加坡的发展势头迅猛。中国的崛起也为世界经济注入了活力。

马来西亚和泰国的经济增长速度也很快，印度经济也在逐渐崛起。印度尼西亚具有强大的经济发展潜力，但仍未从 20 世纪 90 年代末的亚洲经济低迷中恢复过来，暂时将其排除在 20 世纪 80 年代至 90 年代快速增长的亚洲经济体之外。

除了印度，其他的国家都位于亚洲的东部，它们都有较强程度的技术革新和快速发展的产业经济。我们选择日本、中国和新加坡作为对象，进行职业教育体系研究。这些国家各有特点，可以为比较研究提供丰富的素材。国家的规模和经济发展的阶段均是重要变量，三个国家都有"罗斯托文式"（Rostowian）特点（Rostow，1990）。它们的职业教育采用了不同的发展路径，尤其是新加坡和日本，无论是在管理方面还是在劳动力市场的监管方面都形成鲜明对比。另外，经济多元化的中国近来也对职业教育与培训产生了浓厚兴趣。

近几十年来，日本和新加坡的技能形成水平位居国际前列，同时被研究的也最多。然而，在过去几年，它们的产业技能形成的文化和结构基础受到人们的质疑。20世纪70至80年代，日本凭借优秀的工作场所文化，在职业教育领域取得了骄人的成绩。不过，国际经济的变化对日本的工作场所文化提出不少挑战。新加坡有家长式的政府风格，其教育和培训行业竞争激烈，要求苛刻，在新的经济秩序中未免显得缺乏灵活性和创新性。中国正面临社会秩序的变革。市场经济的延伸和新产业的出现对人口和就业模式产生重大影响，而职业教育是解决失业、人口迁移和行业技能等问题的潜在途径。

综上，这3个国家的经济和文化大相径庭，但都面临着经济变革的挑战，它们的应对策略很可能会为职业教育指明前进的方向。

第一节 中　　国

一、经济

中国是世界上人口最多的国家（12.5亿，World Bank，2000），拥有世界1/4的贫困人口。据估计，近70%的人都生活在农村地区。中国在发展中的最大挑战是其人口的数量和分布问题，尤其是中国需要养育、教育和保障数字如此庞大的人口。

作为一个文明古国，中国有超过两千年表现非凡的历史，它也是世界上规模最大，发展速度最快的经济体之一（Benewick和Wingrove，1999，p.271）。1980—1990年中国的GDP年均增长率为10.1%，1990—1998年年均增长率是10.7%，此后，每年的增长率都保持在7%~8%之间，中国虽然一直在放缓所有部门的发展速度，但其经济依旧维持较高的增长速度，参见图19。

自1949年中华人民共和国成立到1978年，中国经济总量虽然很大，但一直是国有企业占主导地位。国有企业的主要问题是效率低下。为了提高竞争力,"为了维持经济长期持续的增长,必须实现经济转型,将资源重新分配到更有潜力的、更高效的渠道上"(Goodman,1999,p.133)。1978年以来,中国实行改革开放,起初,其改革的重点放在"提高农业积极性和允许市场在农村地区发挥更大的作用"上(Fallon和Hunting,1999,p.1)。

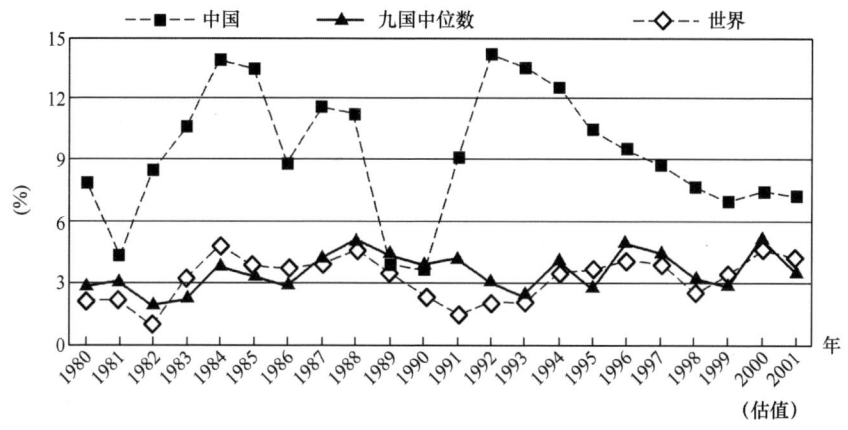

资料来源:IMF, World Economic Outlook Database, 2000.

图19　1980—2001年国内生产总值增长率

周小川(1999)指出,中国经济改革与其他社会主义经济改革相比,有两个鲜明的特点。第一,中国的改革没有遵循一个清晰的计划。不同的改革策略不断试错和调整,最终确定了中国的产业和城市改革要走渐进式的道路(p.153)。第二,根据周小川所说(1999),中国的经济改革一直是"试验性和自下而上的"。企业改革政策在全国范围内实施之前,最初先由地方政府在地方试行。这种地方先行的方式可以推动非国有部门的发展。周小川解释说,这"部分原因是中国拥有比较分散的产业治理结构和财政体制"(1999,p.153)。

表 10　经济和教育指标

	中国	九国中位数
人口（1999）[1]	12.497 亿	—
人均 GDP（美元）（1999）[2]	791 美元	24 751 美元
GDP 年均增长率（1990—1999）[1]	10.7%	2.7%
失业率（1994—1997）[3]	3.0%	4.9%
15~19 岁的青年失业率（1998）[4]	—	15.2%
劳动力的年均增长率（1990—1999）[1]	1.3%	1.2%
公共教育支出占 GNP 的比例（1997）[1]	2.3%	4.8%
中等教育的学生净注册率（1997）[3]	70.0%	92.0%
受教育年限（1998）*[4]	10.1 年	16.6 年

*：包含所有的教育阶段，5 岁以下的幼儿教育除外。

资料来源：（1）World Development Report, 2000/2001；（2）IMF World Economic Outlook Sept, 2000；（3）World Development Indicators, 2000；（4）OECD Database.

来自中国经验主义学派（Experimentalist School）的学者认为，中国渐进式改革的进程一直是经济试验的产物，不掺杂政治因素（Wing, 1999）。然而，温（Wing）指出，很难相信中国领导人一直没有受到邻国经验的影响。经验主义学派建议，改革要以一种自由化、试探性、渐进的方式持续下去（Wing, 1999, p.57）。相反，中国学者对学校趋同现象提出建设（Convergence School），中国应采用明治式（Meiji - style）的改革，要从国外大量引进核心市场体系，并在实践中不断修正。

表11 不同性质企业的国内生产总值产出比例

企业性质	1994年（%）	1995年（%）	1996年（%）	1997年（%）
国有	37.3	33.9	28.5	25.5
集体所有	37.7	36.6	39.4	38.1
民营	10.0	12.9	15.5	17.9
其他	14.8	16.6	16.6	18.4

资料来源：World Bank, 1999, Country profile, China, 1998-1999.

1992年以来，改革进程加快，中国在经济改革开放的道路上越走越远。主要的改革包括：放松企业的所有权和监管制度，允许外商投资。最近几年，地方政府的集体企业、乡镇企业、中国私营企业、外资或合资企业为制造业的发展做出了重大贡献。20世纪90年代末，国有部门之外的企业的生产量已经上升到GDP的近75%（1997），超过一半的城市工人在国有部门之外的公司就业（DTE-MOLSS，1999）。表12显示出1994—1997年不同类型的产业对GDP做出的贡献。

表12 不同教育程度的就业人数及就业增长率

教育程度	1997年（百万）	劳动力比例（%）	1991—1997年的增长率
基础教育	347	49.9	-9.8
中等教育	164	23.7	1.3
高等教育	183	26.4	7.5

资料来源：DTE-MOLSS，1999.

国有企业的产出下降，可以通过私营部门的产出增加或多或少地平衡，而乡镇集体企业的产出相对平稳。1997年，基础生产部门仍然是最大的部门，如表12所示，虽然雇员数量在1991—1997年下降了10%，但仍为中国一半人口解决了就业问题。

服务业的就业量增长最为迅猛，已达到7%。各部门的就业变化从产出变化中可见一斑，详见表13。

表13 不同产业的国内生产总值产出比例

产业	1979年（%）	1989年（%）	1998年（%）	1999年（%）
农业	31.2	25.0	18.6	17.3
工业	47.4	43.0	49.3	49.7
制造业	40.2	34.5	37.6	37.8
服务业	21.4	32.0	32.1	32.9

资料来源：World Bank, 2000, China at a glance.

这些重要的变化对中国的职业教育与培训体系产生了重要影响。在过去的10年，市场经济的发展需要提高竞争力和加快经济增长，进而需要技术熟练的劳动力来满足社会发展的需要，这导致职业教育与培训体系的压力增加。国有企业的重组也正在改变全国各地的就业形式及培训和再培训的需求。

中国经济引入市场元素也为社会主义社会带来了变化。就业的新模式，包括自主创业和到外企就业，对年轻人进入职业教育与培训的意愿产生了影响（Cheng, 1994；Lumby 和 Li, 1998），也影响了职业教育与培训项目和机构的管理。

劳动力市场自由化虽然已经取得新进展，但仍保留了一些改革前的特征（Fallon 和 Hunting, 1999）。在计划经济体制下，国家将人员分配给企业，员工得到终身工作保障，工资、医疗和福利待遇全部由国家提供。员工缺乏流动性，工资与劳动生产率无关，这直接导致人浮于事。法伦和亨廷（Fallon 和 Hunting, 1999, p.1）指出，高效的劳动力市场有以下三个主要特点：

（1）劳方可以自由换工作。

（2）用人单位可以自主增加和减少劳动力。

(3) 工资由市场因素决定,而不是由国家法规决定。

他们的结论是:尽管中国近期已实行改革,但仍没有达到这些标准。国有企业人浮于事,社会上仍存在工人找不到工作和劳动力流动受到限制的现象。农村地区的农业劳动力日益过剩,城市地区劳动力的技能短缺严重。

中国经济虽然在过去20多年里发展迅猛,但其高增长率来源于扩大产能、增加投资、劳动成本低下以及自然资源的消耗,这最终导致了低效率、高能源消耗和高污染率。中国的这种模式是不可持续的。为了满足经济发展需求,中国必须进行产业重组,提高劳动力的素质和创造力,运用高新技术。

不过,专业人员、技术人员和技能工人的供应速度赶不上需求增长速度。在中国的1.4亿名生产工人中,只有7 000万属于技术人员,约35%的人接受过职业教育与培训(黄尧,1999)。如表14所示,在47个国家技能劳动力的对比中,中国居第44位。

表14 技能劳动力的国家排名(共47个国家)

国家	排名	国家	排名
澳大利亚	1	美国	23
德国	3	智利	24
法国	8	英国	34
新加坡	11	墨西哥	36
日本	16	中国	44

资料来源:World competitiveness yearbook,1999.

从劳动力的整体教育水平可以看出,技能型人才十分匮乏。如图20所示,中国劳动力中只有14%的人拥有初中及以上学历,3%的人完成了高中及以上的教育或培训。然而,就业的高增长率反映出其对技术工人的迫切需求。

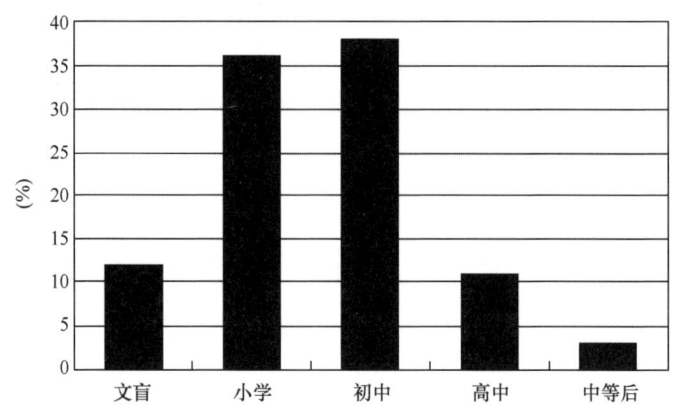

资料来源：DTE – MOLSS, 1999.

图20　中国劳动力的受教育程度

二、教育体系

过去20多年，中国的成人识字率有了明显提升。男性识字率从1980年的78%提高到1998年的91%，女性识字率从1980年的52%提高至1998年的75%。截止到1998年，男性青年平均文盲率下降了1%，但女性青年文盲率仍维持在5%（WDI，2000）。如不考虑偏远的农村地区，则小学的入学率普遍达到98.9%，大约94%的学生会继续攻读初中，它们的比例高于大部分的低收入国家。

高中阶段的入学率已经不再是1980年的32%，但也只有一半的初中毕业生升入高中。高等教育升学率从1980年的2%增加到1997年的约6%（WDI，2000）。这个数字与缅甸、孟加拉和越南的一些国家相近，但低于亚洲各国的平均水平。

中国的小学教育基本得到普及，但高等教育入学率很低。1982—1993年，政府支出的资金60%以上分配到基础教育（小学和初中），这反映出中国的教育体制非常注重公平。

孩子大约五六岁时进入幼儿园，继续完成6年小学教育，然后大部分进入普通初中学校。1997年的初中毛入学率为87%，农村和城市学生以及男、女学生之间的差距也在逐渐缩小。相比之下，1949年的毛入学率为2.7%，而1965年为21.6%，如再考虑到需求量，初中教育的推广可谓成绩斐然。

如图21所示，学生完成初中3年的教育后开始分流。接受完9年义务教育之后，学生大概是15岁，一半学生会选择退出教育体系而进入劳动力市场。中国有0.517亿学生在超过64 000所初中学校就读（MOE,

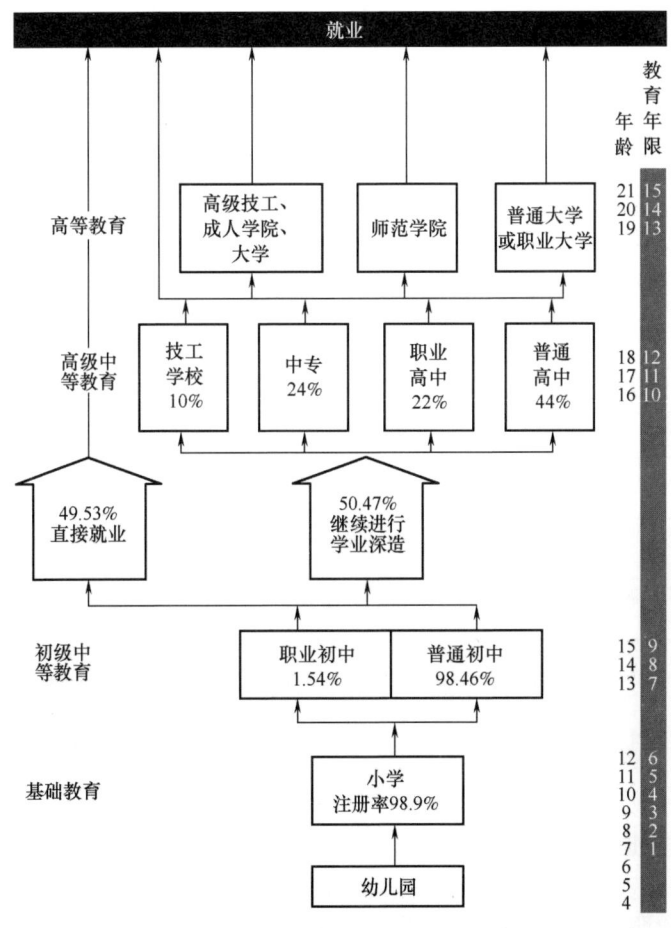

图21 中国的教育与培训体系

1998，p.5）。政府无法为所有的学生提供高中教育的场所。图21显示了中国教育体系的结构及1997年各种层次和类型的学校所招收学生的大致比例（CIVoTE，1998）。

考取高中的学生可以进入以下院校：普通高中、职业高中、技工学校或中等专业学校。表15提供了不同层次的教育及学生分布情况。

表15　中国教育分类及规模

教育分类	数量（所）	注册人数（万）	毕业生（万）	教职工（万）
小学	619 626	14 000	2 100	640
普通中等	77 888	6 300	1 830	460
高中	13 948	940	250	
初中	64 000	5 360	1 580	48
中等职业	10 074	540	160	
职业高中	8 602	450	140	
职业初中	1 472	87	23	
技工学校	4 395	190	70	30.9
中专学校	4 109	500	130	54.6
本科	1 022	340	100	10.3
研究生	409	18.5	4.3	

资料来源：MOE 1999 Essential statistics of education in China, Development of Planning, Ministry of Education.

三、职业教育与培训

目前的职业教育与培训体系内，职业学校主要由教育部（MOE）主管，技工学校由劳动和社会保障部（MOLSS）管理，中等专业学校由不同的部门和私人教育提供者等管理。总之，这些职业教育与培训的提供者们提供初级、中级和高级等不同水平的课程。

主要提供者有：

- 职业初中（VJSs）。
- 职业高中（SVSs）。
- 提供五年制高级职业教育与培训课程的中等专业学校。
- 学院（高等VET）。
- 技工学校（SWSs）。
- 就业培训中心（ETCs）。
- 企业培训中心。

有两个中央部门对职业教育与培训有重要影响：隶属教育部（MOE）的职业教育与成人教育司（DVAE）以及劳动和社会保障部（MOLSS）。位于北京的职业教育与成人教育司对全国的职业教育与培训担负主要责任。这对于1996年的《中华人民共和国职业教育法》的起草工作有很大帮助，对职业教育与培训各项进展情况的监督及保证其遵循法律法规有较大作用。教育部责任重大，不仅要参与国家政策的制定，规划职业教育与培训框架，最近还根据《21世纪教育振兴（1998年12月）》和《深化教育教学改革》[①]提出新的政策方向：实施素质教育。这两份文件为中国21世纪的教育规划了蓝图。

职业教育与成人教育司负责监督中等职业学校的运作及核心课程的设置。位于北京的中国职业技术教育中心研究所（CIVoTE），在课程和教材的开发、认证及监督中起了重要作用。

1998年以来，教育部下设的高等教育司（DHE）不只是负责学术类

---

① 似指教育部《面向21世纪教育振兴行动计划》和《面向21世纪深化职业教育教学改革的原则意见》。——译者注。

的高等教育，也肩负起管理高等职业教育的重担。此举反映了政府对职业教育的重视。目的是，一方面为日新月异的"第三产业"提供高级技工；另一方面为高中毕业生提供大学之外的其他选择。中国的高中毕业生中大概有33.4%的人就读于高等职业教育学校（刘志鹏，1999）。

在省、市级层面，教育的使命既包括传授普通学术教育，也包括传授基于学校的职业教育。中国的职业高中学校计划被认为是职业性质的，即使它的重点更侧重于学术而非与行业相关的职业技能。中等职业学校会为完成课程的学生颁发奖励，但并没有建立职业技能标准、资格认证或学生技能考核机制。这属于劳动和社会保障部（MOLSS）的职业技能鉴定中心（OSTA）的职能，很多国家将检测和认证已从管理和培训中分离出来。

除了职业分类、标准制定、技能检测和资格认证外，劳动和社会保障部还提供各种水平、各种形式的职业培训：

- 在技工学校进行的就业前培训（SWSs）。
- 就业培训中心的失业再培训（ETCS）。
- 学徒培训。
- 在职培训（DTE – MOLSS，1999，p. 4）。

不同于大多数由教育部管理的机构，劳动和社会保障部的一些职业院校会为特定行业提供员工培训的服务，因此，其在资金及管理方面与行业协会或相关机构有密切的联系。

有一种普遍的观点认为，中国的职业教育与培训是全国一致的，大规模的职业教育与培训的供给是集中管理的，因而需要标准化。然而，随着中国转向市场经济，政府在扶持创业活动方面也面临巨大的压力。

为了应对这些压力，政府需要满足各种群体的教育需求：

- 城市和农村。
- 沿海和内陆。

- 工业和农业。
- 信息丰富和信息不畅。
- 文化和语言多样化。

这对职业教育与培训体系及其工作人员提出了严峻的挑战。但是，中国的职业教育教师的培训水平普遍较低。如表16所示，高中学校中只有37%的教师（包括学术流）参加过被认可的教师培训课程。

表16 全日制职业学校教师的教育资历

该教育程度的教师占全体教师的比例	高等教育（师范）教师培训课程及以上（%）	高等教育短期课程（%）	中等职业教育（%）	普通中等教育及以下（%）
中职	5.0	65.6	24.8	4.2
高职	37.4	51.6	7.8	2.0
教师培训	18.4	54.4	20.6	12.7

资料来源：MOE 1999 Essential statistics of education in China, Development of Planning, Ministry of Education.

事实上，参加培训的教师当中，只有18%的人完成了这样的课程。教师主要是依赖短期课程中的基础培训，按照国家或省级教材讲授标准课程。最近，国家颁布了关于发展更多的高等职业教育院校的决定，强调了教师培训及教师的"双师资格"。然而，"双"指的并不是理论和实操技巧，而是学科理论和教学技能。

中国传统的教学方法被称为填鸭式教学，最常见的方式就是教师讲授，学生负责倾听和记忆。然而，佩里（Perry）和沃尔科夫（Volkoff, 1999）质疑这些理念是否准确地反映当代职业教育的教学和学习经验。因此，他们对中国从事职业教育的教师的教学方法进行了调研，却发现教师的工作是以学生为中心，注重开发学生们集体解决难题的能力。

在过去的20年，为了满足人们工作的需要，高等职业教育机构开发了很多高级技术技能课程。高等职业教育的快速发展既符合经济发展的需要，也为中国高等教育的结构改革提供了动力。它为高等教育打通了另外一个入口，同时也为那些在职业院校学习的学生通往大学之路打开了一扇大门。

在发展高等职业教育机构的过程中，中国政府研究借鉴过加拿大"CBE"模式①和德国"双元制"模式。结论是除了要培养学生优秀的传统品质，还要强调创新能力、人际交往能力、应变能力、解决问题的能力和实践能力。实践发现，只凭借学校里的技术设施和教师，培养不出高级技工。因此，中国正在积极开展校企合作。

四、职业教育与培训的经费

1997年，中国所有的职业教育与培训经费总额超过250亿元人民币，比1996年增长了13%（CIVoTE，1999）。但是，公共教育支出只占国民生产总值的2.3%，远低于九个国家的中位数4.8%和经合组织的平均值5.3%。按人均计算，中国教育的公共开支显然很低：只占智利的10%，新加坡的1%和法国的0.8%。总支出可以按类别细分，如表17所示。财政预算的分配细化到地区层面，地区重点学校还可以从地方教育委员会和国家教育部获得额外资助。

---

① CBE（Competency Based Education）意为"以能力培养为中心的教育教学体系"。加拿大是CBE的发源地，而社区学院是其主要载体。主要流行于加拿大、美国、英国、澳大利亚等发达国家，在20世纪90年代初，逐渐推广。CBE教学模式的原理是：（1）任何学生如果给予高水平的指导都可以熟练地掌握所学的内容；（2）不同学生学习成绩之所以不同是因为学习环境不充分，而不是学生本身的差异，大多数学生若有适合自己的学习条件，在学习能力、学习进度、学习动力等方面都会很相似；（3）教育工作者应该重视学，而不是重视教；（4）在教与学的过程中，最重要的是学生接受指导的方式、方法和指导质量。——译者注。

表 17　1997 年中国职业教育的经费来源

经费来源	百分比（%）
财政拨款	51
学费	22
企业赞助	11
地方税收	5
企业学校收入	2
其他	9

资料来源：CIVoTE，1999．

综合考虑一系列的因素，包括设施设备标准和教师资历等，国家制定了一套评估体系，并据其评估出重点职业院校。不同水平学校的资金来源各有不同，国家级重点学校能够获得国家教育部资金，省（市）一级的学校可以获得相关政府资金，地区级学校则还可以从地区教育委员会得到额外资助。被评为重点学校的教师，相比其他学校的教师要承担更多的课程开发和专业建设等任务，还可能参与创新及国家和省级的改革项目。

五、继续教育

一些国有企业为他们的下岗工人提供在职培训。1996 年有超过 4 000 个基于企业的培训计划提供了大量课程（Fan 等，1998）。此外，当地的劳动局会为失业工人提供培训，甚至为他们参加培训提供补贴。同年共有 3 500 个劳动局的培训机构和超过 425 万人参与各类培训项目，参与培训的学员主要是农村人口和失业人员（Fan 等，1998，p. 48）。

1990—1997 年，全国 15 岁及以上人口的平均受教育年限从 6.42 年上升到 7.08 年，在如此庞大的人口基数上取得这样一个显著上升，足以看出政府部门为此做出的艰苦努力（MOE，1998）。

六、问题

中国的私有化正在加剧，尤其是小型和中型国有企业的私有化，一些关键的经济改革挑战依然存在。其中就包括对国有企业享受优惠贷款政策的改革（Wing，1999，p.59）。进一步的挑战来自现代财政制度、中央和地方的财政关系以及非国有金融部门的发展。中国的沿海省份从贸易优惠和投资政策中受益匪浅，这些都需要进行调整，以减少相对落后的内陆省份的不平衡感。为了确保各地区充分享受社会服务，政府需要填补市场的漏洞，在市场无法公平分配资源的方面做好保障工作，如福利、健康和教育等方面（Wing，1999，p.60）。

中国正面临着进一步扩大失业人员培训资助的需求，培训本身还需要与就业市场的需求紧密衔接。法恩等人（Fan等，1998，p.53）认为，鼓励私营部门的雇主（或培训服务供应商）提供更多的培训比扩大政府培训机构更容易操作。另外，他们建议增加针对企业管理者的培训，尤其是从事财务、市场营销和人事管理的人员，以提高他们适应环境不断变化的需求的能力。

尽管人们已经逐渐认同毕业生需要掌握最新技术的事实，但仍然存在许多因素妨碍它的实现（Perry和Volkoff，1999）。社会上对职业教育存在文化偏见和消极观念。职业教育与培训的整体规模虽然不小，目前已有17 000个中等职业教育机构和约1 200万人注册，有大约100个高等职业教育机构和50万人注册（CIVoTE，1998），但职业教育与普通教育相比，入学率还是在下降。和其他许多国家面临的情况一样，职业教育和高等教育的衔接并不好，职业教育在很多学生眼中并不是理想选择。阿赫滕哈根（Achtenhagen）和格拉布（Grubb，1998）指出，许多国家（包括澳大利亚）职业教育的社会地位较低，资金不足，在促进个人流动性和社会进步的作用上处于尴尬地位（p.1）。中国于1980年实施了计划生育政策，导致很多家长都期望将他们唯一的孩子培养成受过良好高等教育的人才。

提供与工作场所相关的技能发展机会与提供普通教育内容之间一直在相互博弈。职业教育倘若在发展和课程传授中没有企业的参与，将难以有效满足实际工作的技能需要。课程及其标准往往已经过时，不能满足企业的真正需求。

大多数职业学校的设施设备不达标，专业教师往往也缺乏实践技能和实际工作经验。技术资源不精良，教师工作场所技能贫乏且没有校企合作经验，教学模式和地点也缺乏多样性，这种情况下的学校课程很难将理论和实践有机地结合起来。

中国有学历与职业资格双重认证系统，但是，它们彼此之间在课程传授、知识考核和技能认证等方面缺乏必要的联系，其评估方法过于强调考试，教育通道相对严格且狭窄，并不对学习者透明。

1998年12月，中国教育部发布了一份《振兴21世纪教育》的文件，承认职业教育正面临着巨大挑战，并提出了具体的应对措施。1999年6月，全国教育工作会议决定，职业教育与培训的发展应该作为教学改革的一个或两个关键领域。根据佩里（Perry）和沃尔科夫（Volkoff）所言（1999，p.8），为了实现这一改革，中国政府承诺资助重点职业教育与培训项目，并采取相应的措施，具体包括：

- 建立50个国家职业教师培训中心。
- 扩大职业教育与培训场所供给，包括建立更多的高等职业学院，旨在让职业教育不仅发挥就业导向的作用，还要为其通往高等教育开辟通道。
- 通过合并的方式减少职业学校数量，以简化管理，促进资源共享和提高教学质量。
- 在30个行业中选择80个职业教育与培训项目，由教育部负责遴选和管理，由行业接受咨询并提供指导。

- 改变管理体制，由教育部负责所有职业教育与培训机构的管理，而不是由劳动和社会保障部及职业相关部门同时负责。
- 逐步在省（市）一级实现政策制定的本地化，旨在提高职业教育更有效达成目标的能力，以满足当地技能需求。
- 实现职业教育与培训机构的更大自主权。
- 促进机构进行更加开放和灵活的学习安排，包括灵活的授课形式。
- 着重发展个人的实践技能和交往能力，培养更多的高效员工。
- 强调改善教育和行业之间的关系，包括两者的资源共享。
- 改革评估过程，包括年度考核体系，将重点更多地放在学生的技能培养上。
- 将职业院校拓展为多功能主体，其功能应包括提供在职员工技能更新的培训、失业员工的再培训和帮助毕业生就业的培训（黄尧，1999）。

在中国，想要在适当的时间和在恰当的地点提供所需要的技能，存在几个难题。首先，中等教育的总体需求无法满足。报告称，1 500万初中毕业生中，只有360万人可以进入普通高中，420万人可以进入高等职业学校。剩下的720万学生，主要居住在农村，目前还没有任何参加继续教育和培训的机会（黄尧，1999）。职业教育与培训根本无法满足如此巨大的需求，这意味着只有少数人能够得到义务教育之外的教育或培训。除了地方有限外，那些有深造目标的学生还需要支付一大笔费用，这对贫穷的群体来说只能望洋兴叹。因此，漏斗效应产生了：只有小部分的城市学生，甚至更少的农村学生可以获得高中或高等教育。

此外，全国的职业教育与培训的水平并不均衡。为了跟随经济发展的趋势，教育的发展模式一直参差不齐（Fukasaku等，1999）。虽然小学教育在贫困省份已经普及，但中等教育机会在省际却存在巨大差异（Hossain，1997）。与农村地区，特别是中国南部和西部的农村地区相比，沿海的、人口密集的工业发达地区可以提供更多的高中教育机会，无论是普通教育或职业教育。贫困省份获得教育资源很困难。辍学率也存在很大的地理差异，农村地区，尤其是在中学阶段的女生辍学率很高（Hossain，1997）。

农村的中等职业学校不再鼓励教授农业课程，而是随着市场需求的变化而改变。一些地区政府规划的课程与学生的兴趣并不匹配，这意味着教学机构无法再依靠国家预测，而是要为了保持与利益相关者的利益一致而制定自己的战略（Lumby 和 Li，1998）。

国家不再分配工作的做法也增加了困难。过去的职业教育与培训的规划过程相对简单。参加职业教育与培训的学生毕业后只需要服从分配即可。教学机构可以根据学生数量与工作岗位之间的明确关系制订培训计划（Cheng，1994）。然而，随着计划经济转变为市场经济，学生的职业和课程选择变得更加普遍，教学机构面临着满足利益相关者需求、市场营销管理、资源和课程管理等诸多挑战。程（Cheng，1994，p.199）认为，中国职业教育机构的校长和英国的校长将面对相同的复杂问题，需要培养能匹配各种利益相关者需求的学生。然而，他们如果没有充足的资金和人力资源，很难有效应对这些正在面临的挑战。

法恩等人（Fan 等，1998）认为，应该采取有效的措施来比较政府职业培训计划和其他培训项目，如比较学员培训后和培训前的收入。政府培训机构常常与市场需求脱节，而培训需要紧跟社会需求。为了解决这个问题，可以采取以下策略：将经费从供给中剥离，开辟更好的劳动力市场信息通道，促使公共和私营部门合作。侯赛因（Hossain，1997，p.16）在报告中说，中国1993年劳动力调查发现，职业教育与培训的私人投资回报率非常低，这不是因为对技术工人的需求少，而是职业教育与培训的单位成本很高。因此，如何有效地规划技能型劳动力的发展也是关键挑战之一，因为各区域对职业教育的需求存在巨大的差异。就职业教育与培训本身而言，无论是省份之间还是专业之间都是高度分化的。因此，加强教师培训、增强学生课堂的灵活性、高效使用资源和培训设施都是当前的核心课题。

多年来，中国政府从英国和德国政府那里获得了很多援助，用以支持职业教育与培训改进项目。在德国政府的帮助下，职业技术教育中心研究所（CIVTE）在北京成立，它集多元功能于一身，包括数据收集和分析、课程开发、评估和政策建议。此外，天津成立了职业教师培训机构，为职业教育的教师提供专业培训和技能升级。澳大利亚政府也承诺，通过澳大利亚国际发展署（AusAID）向中国资助一个五年制的职业教育改革项目。此项目与中国改革议程的重点相一致，并在重庆展开试点。重庆位于中国西南部，是一个拥有超过3 000万人的直辖市。该项目开始于2001年，主要借鉴澳大利亚职业教育的实践经验，提高课程和学历的质量和相关性，完善教学实践和评估，加强与业界的联系，并通过体系监测和评估实现质量的全面提升。它将从三个层面进行操作：国家、市和教学提供者。教育部对各个项目实行监督，从而探索出一条可以在全国范围内实施的路径，以帮助中国应对目前的挑战。

第二节 日　　本

一、经济

1999年，日本的人口达到1.266亿。日本经济从20世纪80年代到90年代一直跻身国际前列。然而在过去的10年，日本经济也面临着难题。1980—1990年GDP以年均4%的速度快速增长；1990—1999年逐渐降低到1.4%，增长速度大不如前（见图22）。伴随亚洲金融危机的冲击，GDP增长率在1998年下降到－2.8%，1999年增长率只有0.3%。关于当时的经济问题本质上是周期性的还是结构性的，或两者兼而有之，存在一些争议。无论如何，日本已被迫重新评估其经济和产业道路及人力资本的形成路径。

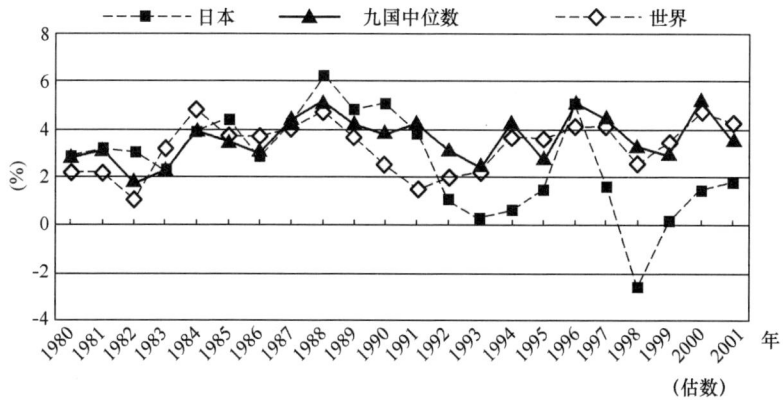

资料来源：IMF, World Economic Outlook Database, 2000.

图22　1980—2001年国内生产总值增长率

日本的工业生产方法被普遍研究并被其他国家广泛复制，但成果有限。质量圈（Quality circles）、无库存制度和精益生产起源于日本大型制造企业，特别是汽车、机械、运输设备、电子产品、办公机器和电信设备等相关企业。这些领域需要高技能形成水平和高劳动生产率。后福特主义（post-Fordism）的概念使日本制造业的工作组织产生了一定的变化（Streeck，1987）。这些变化在技能形成、工业政策和工资政策等方面引发了激烈的讨论和关注。从日本的经验中提出了"高技能、高工资或低技能、低工资"的选择（如 Reich，1991；Mathews，1985）。

需要指出的是，制造业不能代表整体经济，尽管它比其他东亚经济体中的制造业规模大（见附录附表4）。事实上，日本的经济增长和繁荣更多地依赖大型制造企业，而中小企业（SME）和非制造业的实力相对较小（Green 和 Sakamoto，2000）。此外，制造业的生产能力在一定程度上依赖资本投资。因此，日本的劳动生产率不是特别高，比不上德国和美国。

日本制造业的特点是依靠出口、生产技术创新、高品质和快速的产品创新。相应地，日本在研究与开发（R&D）上的支出很高，研究人员在劳动力中占较高比例，工程学位的比例高，同时拥有大量的专利注册。这些特点对比在表 18 中有详细展示。

表 18　所选国家的科研支出、科研人员比例、工程学位比例及专利注册数量比较

	GDP 中研究与开发的支出比例（1995）	每 1 000 个劳动力中的研究人员数量（1993）	工程学学位在所有学位中的比例（1995）	专利数量（1994）
日本	2.8	80	22	107 152
英国	2.1	49	13	2 234
德国	2.3	58	19	6 731
新加坡	1.1	41	—	148
美国	2.6	74	7	26 130
经合组织成员国	2.2	58	13	—

资料来源：Green & Sakamoto, 2000.

20 世纪 80 年代中期，制造业面对巨大的出口压力，日本选择了同样的应对策略：高水平的产品创新和更高的生产率。这些可以部分通过在工作实践中的不断创新来实现，但更主要的是依仗高资本投资（见表 19）。然而过量的房地产投资，最终走向了 20 世纪 90 年代初的"泡沫经济"。自此之后，日本政府一直致力于解决泡沫经济的问题。

表 19　经济和教育指标

	日本	九国中位数
人口（万人）（1999）[1]	12 660	—
人均 GDP（美元）（1999）[2]	34 386	24 751
GDP 年均增长率（1990—1999）[1]	1.4%	2.7%

续表

	日本	九国中位数
失业率（1994—1997）[3]	3.4%	4.9%
15~19岁的青年失业率（1998）[4]	缺	15.2%
劳动力的年均增长率（1990—1999）[1]	0.7%	1.2%
公共教育支出占GNP的比例（1997）[1]	3.6%	4.8%
中等教育的学生净注册率（1997）[3]	100.0%	92.0%
受教育年限（1998）*[4]	缺	16.6年

*：包含所有的教育阶段，5岁以下的幼儿教育除外。

资料来源：（1）World Development Report, 2000/2001；（2）IMF World Economic Outlook Sept, 2000；（3）World Development Indicators, 2000；（4）OECD Database.

另一方面，日本的经济表现一直令人印象深刻。成人失业率和青年失业率较低（见附录附表5），终身雇用制提供了强大的福利（至少是从占人口的比例看），收入分配甚至比以市场为导向的英国和美国更平等。

此外，日本的中小企业可以通过所谓的"输送"（conveyor）系统和大型制造企业建立联系。在信任和忠诚的关系基础之上，这个系统中的大企业和中小企业之间保持着紧密关系，并为稳定就业和解决社会焦点问题带来了广泛的社会效益（Green和Sakamoto，2000）。

格林（Green，2000a）将日本经济看作是一种托管的资本主义。国家对经济的干预力度很大。政府忠诚度高和社会秩序井然（Cantor，1989）为国家维持经济秩序带来了共同的期望。日本的社会和团体的利益与经济的联系十分紧密。文化的价值和关系直接与经济关系挂钩，国家和行业之间也是如此。因此，国家干预，包括通过教育体系的干预，通常会同时实现经济和文化的目标。

二、文化资产

日本一直被描述为是一个"高度信任"的社会（Fukuyama，1995）。日本的传统历来强调和谐关系及群体利益，避免冲突。同时也包含从亲属扩展到非亲属之间的忠诚理念。日本与众不同且扁平化的层级结构更利于形成集体意识，日本收入最高的前20%的家庭只能拿到个人收入的35.7%，在所有国家中处于最低，详见表20。

表20 收入分布

	最低的 10%	最低的 20%	第2个 20%	第3个 20%	第4个 20%	最高的 20%	最高的 10%
日本（1993）	4.8	10.6	14.2	17.6	22.0	35.7	21.7
中国（1998）	2.4	5.9	10.2	15.1	22.2	46.6	30.4
法国（1995）	2.8	7.2	12.6	17.2	22.8	40.2	25.1
墨西哥（1995）	1.4	3.6	7.2	11.8	19.2	58.2	42.8
智利（1994）	1.4	3.5	6.6	10.9	18.1	61.0	46.1
德国（1994）	3.3	8.2	13.2	17.5	22.7	38.5	23.7
英国（1991）	2.6	6.6	11.5	16.3	22.7	43.0	27.3
美国（1997）	1.8	5.2	10.5	15.6	22.4	46.4	30.5

注：缺少新加坡数据。

资料来源：World Bank；World Development Report，2000/2001；Selected World Development Indicators.

这些文化特质影响了日本的企业结构，日本企业反过来又促进了经济生产力的发展。首先，企业集团（Keiretsu）是一组交叉持股和有相互支持的文化的关联企业，其中的相互支持的文化支撑了日本强大跨国企业的崛起（Green，1999，p.22）。企业集团分为纵向的（一个行业内）和横向的（产业链相关企业）。企业集团之所以比其他发达国家的企业更具稳定性，是因为其特殊的股东结构，企业之间的高度信任和相互依赖。它也是一个包含丰富市场信息的质量圈的延伸。这使得日本企业做出长期规划，包括对培训的投资规划，并较少受到短期回报的压力。

其次，公司构成了社会上的主要家元（iemoto）团体，尽管家元团体仅涉及拥有长期雇用关系的员工，他们占公司员工总数的30%。公司员工的高忠诚度是日本管理系统的基础，此外，管理系统还具有扁平化结构、工人的高度灵活性、低离职率以及重视长期培训和人力资源开发等特点。

三、技能形成

在整个20世纪80年代，日本与德国一直被视为追求技能形成的两个佼佼者。但这两个国家采取的方法截然不同。日本的技能形成离不开高标准的普通教育和对基于企业的教育的高投资。很多专家认为，普通教育的高标准为高专业技能的形成奠定了坚实的基础。日本教育的标准是非常高的；尤其是在数学和科学领域，仅次于新加坡。

如表21所示，除了学龄前教育，日本在各教育阶段的人均公共开支均高于其他国家的平均值。

表21 1997年各级各类教育中学生的人均支出

	日本 （美元）	九国中位数 （美元）*	经合组织国家中位数 （美元）
幼儿教育	3 096	3 603（7）	3 463
小学教育	5 202	3 470（7）	3 851
初中教育	5 512	3 983（5）	4 791
高中教育	6 314	5 492（5）	5 790
所有中等教育	5 917	4 927（7）	5 274
高等教育	10 157	9 390（7）	8 612

*：九国中位数并不包含所有国家的数据，括号内的数字表示可获得数据的国家数目。

资料来源：OECD Education Database，table B4.1.

技能形成是受日本公司的特定结构支撑的,这就避免了培训投资中的大多数不利因素。对核心员工支付高薪酬,可以提高公司的忠诚度,进而大大减少离职率。因此,企业很少担心技能人员的流失问题。企业集团也可以减少离职率,同时也不失为内部或团体技能转移的一种手段。质量圈、团队合作、扁平化管理结构,这些都有利于内部技能的形成,有利于避免大型企业只对管理层进行培训投资的趋向。根据多尔(Dore)和萨科(Sako,1989)的观察,家元文化传统有利于发展培训文化,包括在新旧员工之间建立家长式的关系。

日本技能形成系统的第三方面是从教育到就业过程的转变。日本的教育和劳动力市场之间的关系是高度结构化且联系紧密的。这与澳大利亚非常松散的和非结构化的关系形成了鲜明的对比(McKenzie,1999)。下面我们详细考察这些方面。

四、教育体系

日本是世界上五个实现零文盲率的国家(其他四个都是欧洲的)之一(World competitiveness yearbook,1999)。日本的学校体系一直秉承平均主义原则,产出也一直保持高度的稳定性(Dore 和 Sako,1989;OECD,1997;Green 等,1999)。日本教育体系中存在一个基本假设,即绝大多数儿童倘若得到适当的支持,他们会具有学习和理解能力,并且会努力工作;想要取得成功,努力比天资更重要。虽然日本的教育体系是一个高度精英化管理的体系,但却以平等的教育成果著称,其教育成果已得到国际科学和数学测试的验证(OECD,1997;Green 等,1999)。

日本为保持相对统一和平等的教育制度采取了很多措施,包括通过中央机构文部省(Monbusho)实行集中课程管理和资源分配以及教师和校长轮换制度。课程更加强调团队合作。企业与学校之间建立了直接关系,有效促进了教育均衡和教育平等。这种关系也建立在教育与行业之间高度信任的传统基础之上,完全不同于澳大利亚。但是,随着选择需求的增加和私立学校的快速发展,这些传统也面临多重压力,主要压力来自于竞争激烈的学校毕业考试(Dore,1998)。学校主要是地方的学校,国家设立的学校数量逐渐减少,私立学校越来越多。注册数据见图23。

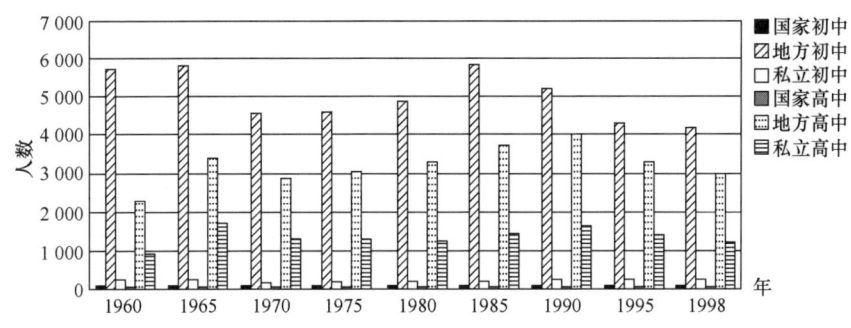

资料来源:MESSC,1999.

图23　1960—1998年初高中注册人数

教育体系在社会凝聚力和人力资本的形成中起到了重要作用。除了整体的高标准目标,教育体系还强调道德教育、公民责任和社会原则(Green,2000)。这些宽泛的社会和经济目标相辅相成。学校体系培养学生的一些基础技能,等他们进入劳动力市场后,参加培训也会相对容易;学校还为他们接触多种技能,习得忠诚美德、团队精神、合作原则和工作纪律提供了一个广阔的平台。同时学校体系也着重强化学生为实现国民经济目标而奋斗的使命感。

日本的教育体系和经济之间的关系是建立在国内劳动力市场的优势基础之上的。初次职业教育中很少有专业的技能培训,在职学习也大多是通过非正式的途径。由于岗位轮换率较低,加之劳动力的市场入口根据其受教育的学校及其与企业的合作关系而进行分化,国家资格制度就显得无用武之地了。况且,出于高度信任的社会特点,雇主可以根据学校或学院的声望进行毕业生的筛选。

1997年，日本中等教育的净入学率（法定入学年龄的注册学生人数与法定入学年龄人口的比例）为100%，在所有国家中比例最高，如图24所示。

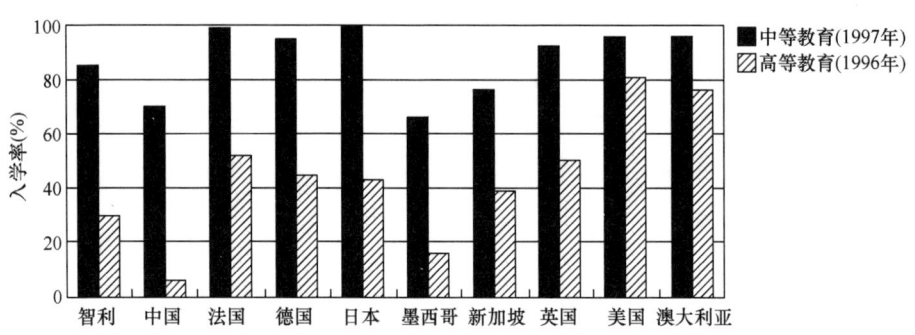

资料来源：World Development Indicators，1999 and 2000.

图24　中等和高等教育的净入学率

日本的学校体系包括初中、高中在内的基于6∶3∶3的学制结构，除了高中阶段的专业或职业课程之外，均为综合性课程。高中阶段的入学率达到96%，并且仅24%的学生在高中毕业后直接就业（OECD，1999b）。高中阶段就读于专门学校等职业教育的学生仅占23.5%，其中61%的毕业生直接就业。在大多数国家，职业课的地位很低，甚至专门的培训学院（专业课程占24%，普通课程占31%）也是如此，因为它们基本与大学教育没有关联（8%左右）。在日本，职业教育社会地位低和职业教育学生向学术流转移等难题有愈演愈烈的趋势，而非正式的学校层级更是加剧了这一趋势。结果是职业课的报名人数一直在相对下降。

通常情况下，普通教育的学校地位相对较高，因为它们有更清晰的教育路线，这也是其规模很大的原因。职业或专业课最初是劳动力市场导向的，但这些学校培养的从业者进入劳动力市场的比率已经从85%左右下降到1997年的61%，而这种下降趋势很可能会继续（Yoshiomoto，1998）。这些课程在其他国家中很典型，如法国的职业高中和澳大利亚的初中技工学校中都在普遍传授。因此，正如经济合作与发展组织所观察到的那样，中等职业教育应该面向就业和高等教育两条路径。这也是日本的政策方向。

职业课程虽仍保留相当的普通教育课程的权重（35%～45%），但更强调"动手能力"。虽然行业可以通过俱乐部和协会参与到职业教育中来，但是在职培训一直没有成为共同特征（图25）。文部省已经发起了一系列计划，试图与行业加强联系（Yoshiomoto，1998），其中包括与企业交换教师，为学生提供企业实践项目，建立校企合作基地等（OECD，1999b）。

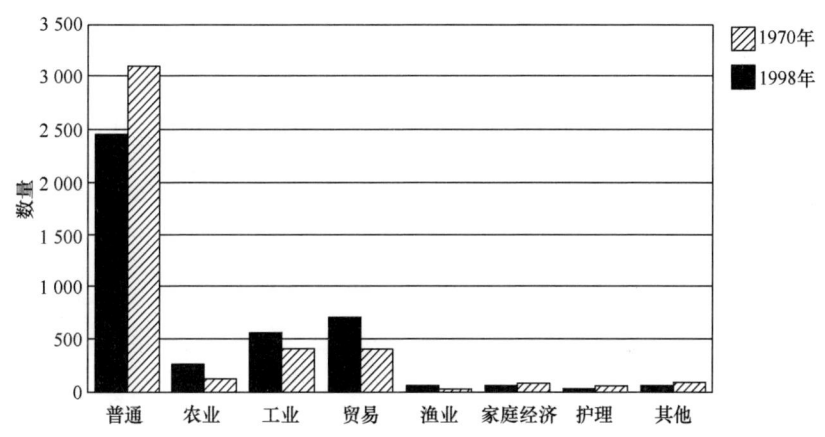

资料来源：MESSC, 1999.

图25　1970—1998年的分类课程

文部省的目标是使中等职业教育与普通中等教育平起平坐，科学教育与行业委员会为此还提出了一系列建议。然而，经合组织的观察员发现，日本在中等职业教育的角色定位和劳动力市场的需求方面信息不明确，因而缺乏共识（1999，p. 22）。

初中毕业后的教育体系中包括高中、专修学校、高等专门学校等各种学校。高等教育被进一步细分为大学、短期大学和技术学院，其中短期大学要求有高中学历，技术学院要求有初中毕业文凭。专修学校没有入学要求，既提供普通教育课程又提供职业课程。职业能力学校属于劳动部管辖，服务于各种客户，包括学校毕业生、在职人员和失业人员。政府机构也会开办公立学校，主要是满足自己的招聘需求，如国防学院、民航学院和国家税务学院（Yoshiomoto，1998）。教育体系的总体结构如图26所示。

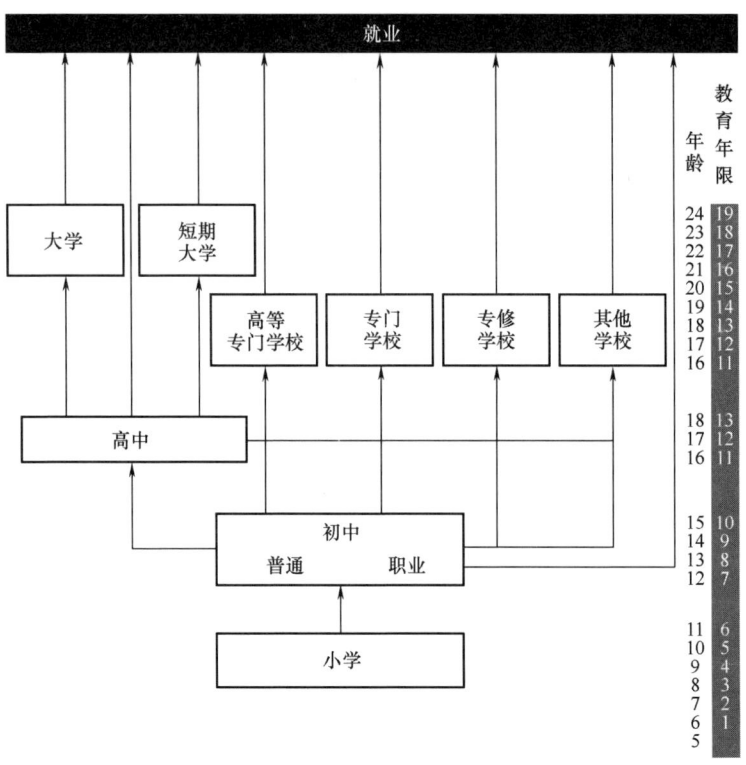

图26　日本的教育与培训体系

五、初次职业教育

日本的初次职业教育主要基于学校，着重以全面强化基础为导向。学徒培训几乎不存在，公司内部的初级培训的理论和技术教学基本依靠公司设施。如上所述，大部分专门的初次职业教育在学校体系中，主要分布在大学（高度重视工程学院）和专修学校。每种类型的院校的入学人数见表22。

表 22　1970 年和 1998 年高等教育机构的学生注册数

机构类型	1970 年（人）	1998 年（人）
技术学院*	22 208	56 214
大学	1 406 521	2 669 086
短期大学	259 747	407 407
专业培训学院	（1995）131 492	761 049
其他学校	1 352 686	253 093

*：大部分人都在低等水平（低于高等教育），但是在 1998 年有 29% 的学生继续修读到高等教育水平。

资料来源：MESSC，1999.

大学中招生最为火爆的是社会科学专业（971 101），其中私立大学的社会科学和人文学科的入学人数占绝大多数。其次是工程学（472 252），占所有研究生院入学人数的 42%。短期大学的模式与其类似，只不过职业课程比重更大，工程学的重要性相对降低。

专修学校的课程有更明显的职业导向，但也包含普通课程，学校隶属劳动部管辖。大部分的初次职业教育课程和欧洲及澳大利亚相似。培训场所包括 240 个人力资源发展中心和 29 所理工学院。一定程度上而言，这些机构承接的是那些处于高度结构化的普通教育体系边缘的年轻人。随着青年失业率的增长，日本政府很可能面临更大的压力，会加大对这类机构的投资。企业也开办培训学校，其中有些具有悠久的历史，如在 1938 年开办的尼桑技术学院［Nissan Technical College（Sugama，1975）］。

日本的初次职业教育规模很小且高度普及。这个"体系"在学校层面和学校外的专业化层面可能存在归类冲突。

六、继续职业教育

日本的继续职业教育领域广受国际社会的关注。日本的经济和劳动力市场结构，再加上社会的整体文化根基，为继续职业教育的发展提供了肥沃的土壤。国内劳动力市场以及企业集团的家元关系都有利于降低劳动力流动率，加强员工培训和技能提升。企业的家长式性质支持员工培训，相应换回了员工的时间和承诺。官方数据表明，日本企业的培训费用仅为工资的0.5%。这些数据带有误导性，因为绝大多数的培训是在公司内部进行的，无论是正式的、非正式的还是持续的培训均是如此。多尔和萨科（Dore 和 Sako，1989）记载了日本工作场所有经验的员工培训新员工的家长式作风。培训一般发生在停工期，即便在经济周期的低谷时，企业仍想方设法留住员工并投资培训。

随着继续职业教育在日本占据明显优势，技能越来越针对特定公司。工作中的技能转移主要通过标准的工作实践来实现，而不是在一个更加规范的环境，因此更依赖于内部劳动力市场的维护。日本的继续职业教育也有全面的教育标准。从日本庞大的专利注册数字（见表18）可以看出，日本公司拥有强大的吸收新知识的能力。

日本工人对技能形成的积极态度，是通过技能测试的通常做法而强化的。工人之所以进行这些测试，基本上是因为"他们的雇主希望他们这样做"（Dore 和 Sako，1989，p. 114）。一些小公司由于内部劳动力市场规模很小，正规技能测试的效果更显著，因此它们往往成为"输送系统"（conveyer system）的终端。总体看来，技能测试由行业机构来运作。劳动省为培训计划建立"标准"。这些标准是项目标准，而不是能力标准（Sugama，1995）。另外，培训师也需要得到劳动省认证。

虽然大部分的公共职业教育资格由劳动省制定，但中央政府部门也控制了一部分资格，包括合法执业（如医生或律师）、政府职位（如教师）和高水平的职业表现等。日本虽然没有统一的资格框架，但是并不缺少资格认证（Dore，1997）。

七、教育与产业:过渡过程

日本技能形成体系的核心就是从教育到就业的过渡过程。青年劳动力市场的高度细分是大多数国家的一个普遍特征,但它在日本并不明显。因为在日本,这一过渡过程是高度结构化的,是以院校和企业之间的直接关系为基础的;而不像其他国家,市场细分是基于院校的社会地位。

艾斯伊达(Ishida,1998)指出,日本青年进入劳动力市场时,经历了或横向或纵向的分化。企业和教育院校与课程之间的关系一般与企业和院校两者的声望有关,但这不是一个绝对的关系,政府正在鼓励企业与多个教育院校建立联系。企业与院校之间的关系是以信任为基础的,因为雇主需要依靠教师和行政人员为他们提供符合企业需求和标准的毕业生。那么,第二次分化就出现了:学生都会竞相争取去更负盛名的公司工作。

教育的和劳动力市场的结构化竞争现象,与那些教育成绩不影响进入劳动力市场的经济体,如美国(Rosenbaum 和 Kariya,1991)和澳大利亚(Keating,1999b)形成了鲜明对比。与德国强调职业分工不同,在日本,职业分工并非进入劳动力市场的一个主要因素,劳动力市场的作用被夸大了(Inui,1993),日本的劳动力市场是一个统一的或未分化的模型。这个特征被广泛地看作是造成日本教育竞争激烈的因素,但竹内(Takeuchi,1991)认为,文化因素也在其中起到了作用。

这种类型的过渡过程正是日本技能形成及职业培训的关键。过渡过程在很大程度上是统一的,即便存在差异化,也是基于教育成果的概念,而不是职业或产业。相应地,过渡过程中的高度细分,是基于教育机构的结构和教育业绩的表现。以上证据表明,这种从教育向产业的过渡方式,对于建立制度化的初次职业教育体系具有很强的抑制作用。

这里所描述的是一个精英系统。日本的绝大多数年轻人无法进入著名的终身雇佣制企业就业。但作为精英元素,该系统提供了市场领导力,很多教育机构不得不参与其中,因为大多数家长都能意识到就业和竞争性教育成果之间的关系。在这样的高度结构化又精英化的系统中,日本政府非常有必要加强引导服务。这既包括在学校和地区两个层面开展广泛的活动,也包括针对教师的活动。由劳动省运作的就业网络可以与企业和教育机构一道,为劳动力市场中的人员分配提供帮助。

八、问题

日本如此高度制度化的过渡系统在长时间的充分就业环境中已经支撑了很久。然而,此系统在如今较为稳健的就业形势下都显得缺乏灵活性,更不用说在高失业率情况下了。失业是在最近才出现的现象,青年和成人之间就业的差距似乎在后期越来越大,如图27所示。

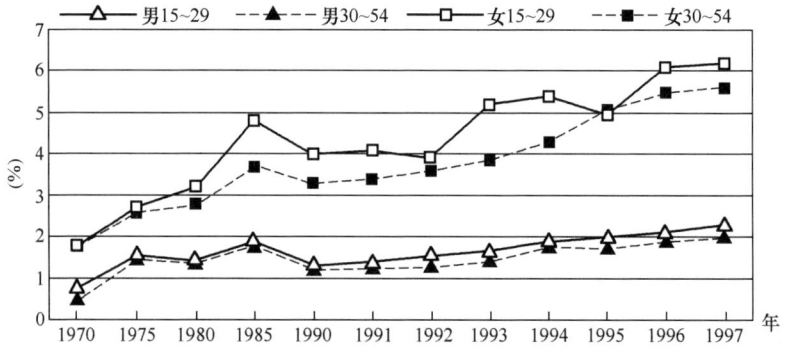

资料来源:OECD,1996。

图27　1970—1997年的失业率

本研究中的大多数国家(包括澳大利亚)的初次职业教育路径都受到年轻人的转变过程和就业结果的强烈影响(OECD,1999a)。日本则可以忽略这个政策区域。但是,如果青年失业率继续增长,日本将无法忽视它,其过渡系统不足的问题将浮出水面。这或许会引发对教育机构在初次职业教育中所扮演角色的重新思考。

第三章　东　亚

尽管制造业的生产力不断提高，但是制造业吸纳的就业份额已经从 1995 年的 25% 下降到 1997 年的 22%（Green，1999a），占 GDP 的比重也从 1990 年的 28% 下降到 1999 年的 24%（World Bank，2000）。如果考虑到这个行业的终身雇佣制，那么制造业所创造的就业率会下降得更多。日本工业体系的其他劣势也纷纷出现。企业集团系统任人唯亲的现象呈下降趋势。经济低谷时期导致很多不明智的投资，这给一些主要的日本银行造成巨大压力。原本就很高的国内储蓄率在经济衰退期更是变本加厉，银行之间的恶性竞争导致了大量贷款，无疑加剧了银行的负担。长期的经济衰退使日本企业不得不考虑裁员，无法像过去经济低迷时期那样保留所有人。这导致公司内的长期雇员越来越少，当然，也会降低新进入就业市场者对长期雇佣制的期望。这种趋势，加上员工更辛勤工作的压力，将对日本工人传统的忠诚度产生巨大威胁。

全球竞争和先进技术发展的压力，导致了"中间缺失"（missing middle）的问题（Sakamoto – Vandenberg，1998），即缺失拥有坚实专业理论知识基础的工人。普通基础教育、"统一"而竞争激烈的招聘模式或公司内部的继续职业教育系统都无法提供这类工人，因此会对企业外的基于课堂的技术培训产生新的需求。同时，一些被视为脏和危险的行业正面临技能短缺的问题。在普通教育体系中成长的学生不愿意进入这些职业，另外，父母的态度、教育文化和那些没有职业导向的过渡系统都强化了他们的这种意愿。随着日本就业方向逐渐向中小企业靠拢，教育的整体方向和过渡系统似乎也要随之调整。

伴随经济衰退时间的延长，更多的问题接踵而来。日本企业面临短期收益的压力，并且有种种迹象表明，日本的所有权模式发生了变化，更接近美国和英国的模式。这可能会迫使企业减少培训，只重点投资小部分核心人员的培训。

这些趋势不应被夸大，但有迹象显示，那些在澳大利亚等经合组织国家所出现过的技能形成方面的问题，目前正在日本出现。因此关于日本经济和教育政策的讨论层出不穷，学者们建议提高创造性、灵活性和个性。忠诚和集体意识的文化仍然有其价值，不过需要另外一套技能和能力培养体系加以辅助。

这些问题最近与有关学校体系的问题联系起来。中学教育的竞争性本质被视为严重过热，同时还引发了其他问题，诸如欺凌和辍学。总之，这些问题会促使日本重新思考教育的方向，也说明在课程设置上需要更大的灵活性，教育与行业和劳动力市场需要更紧密的对接，需要强化职业教育——特别是在中等教育阶段，并促进个性化发展（OECD，1999b）。同时，教育体系要继续保持"包容性"。

劳动省和文部省已做出回应，接下来将采取一系列措施，比如给予更好的指导，提供劳动力市场信息，促进实习和课程改革，其中包括拓宽课程范围等。至于初次职业教育的基本体系，其改变尚不明显；同样的，是否为未来进入劳动力市场的人开发更专业的职业培训项目，也同样并不明显，是否为员工提供更加专业的脱产培训，也显得很模糊。柯腾（Curtain，1991）通过比较日本和澳大利亚20世纪80年代末应对经济衰退的措施，发现日本将无法维持这种技能形成制度。尽管它对未来趋势有敏锐的判断，但是变化的方向并不清晰。

第三节 新 加 坡

一、经济

新加坡是世界上最小的国家之一，是个只有320万人口的小岛国。但它的人口密度达到每平方公里5 283人，仅次于香港。它的年经济增长率虽然已经从20世纪90年代的8%放缓至1999年的5.4%，但按人均水平计算，仍在世界最富有的国家中名列第八，在亚洲仅次于日本（WDR，2000），参见图28。

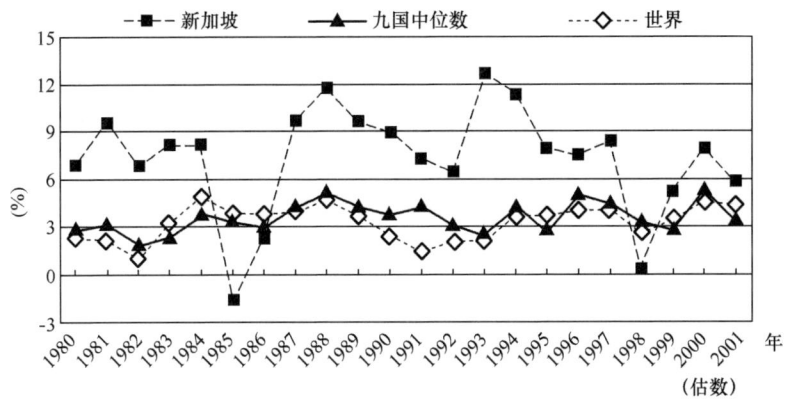

资料来源：IMF，World Economic Outlook Database，2000.

图28　1980—2001年国内生产总值增长率

新加坡自从1959年自治之后，执政党一直是人民行动党（PAP）。政权的连续性使政府有机会在社会各方面大展拳脚。据格林所说（Green，1999，p.45），新加坡为促进产业增长、实现基础设施的快速发展和人力资源充足供给而制定了中长期规划与战略支持，从而协调管理社会各方面资源，以实现国家的第一要务——经济增长。

新加坡从一开始就是一个多种族、多语言和多信仰的国家。人口主要分为四大类：马来人、印度人、华人和其他。华人大约占3/4（Quah，1984）。

显然，如此微小的人口数量难以构成有活力的市场。因此，对于新加坡而言，发展出口市场是必然的。人口的多样性以及与其他市场的联系可以为贸易发展提供很多机遇。自独立以来，囿于有限的可用土地和匮乏的自然资源，政府一贯致力于吸引国外投资，发展工业和出口贸易。

尽管存在种种限制，与其他国家相比，新加坡仍拥有某些重要优势。

除了其长期的出口贸易，还拥有有能力且廉洁的公共政府，国民的英语水平普遍很高。格林（Green，1999，p.46）指出，政府开始着手通过加强现有的四项优势即"政治稳定，训练有素的技能人员，良好的交通和通信基础设施，安全怡人的自然环境"来吸引国外投资。然而，在20世纪70年代，政府试图利用人力成本相对较低的优势，与其他国家的制造业一争高下，结果却困难重重。最后，政府决定将重心转移到发展高附加值产业，并开始将新加坡打造成为一个集商业、医疗、文化等服务于一体的区域中心，最终吸引了众多跨国公司来新加坡设立总部。这些做法都十分奏效，目前为外商独资企业工作的新加坡人已超过50%。

自1965年完全独立以来，新加坡在相对较短的时间内取得了巨大的经济成就。作为"亚洲四小龙"之一，新加坡的衰退开始于1997年，其他很多经济体也受到重创。据世界银行的调查，新加坡、中国大陆以及中国台湾对东亚地区的经济振兴做出了主要贡献。新加坡也成为世界上增长最快的新兴市场。1999年，新加坡的经济产出实现了5.4%的增长，从1998年0.4%的水平显著复苏（World Bank）。表23列出的经济和教育的关键指标，显示出新加坡GDP保持健康的增长速度，失业率很低的现状。

表23 经济和教育指标

	新加坡	九国中位数
人口（1999）[1]	320万	—
人均GDP（美元）（1999）[2]	24 807美元	24 751美元
GDP年均增长率（1990—1999）[1]	8%	2.7%
失业率（1994—1997）[3]	2.4%	4.9%
15~19岁的青年失业率（1998）[4]	缺	15.2%
劳动力的年均增长率（1990—1999）[1]	1.7%	1.2%

续表

	新加坡	九国中位数
公共教育支出占 GNP 的比例（1997）[1]	3.0%	4.8%
中等教育的学生净注册率（1997）[3]	76.0%	92.0%
受教育年限（1998）*[4]	缺	16.6 年

*：包含所有的教育阶段，5 岁以下的幼儿教育除外。

资料来源：（1）World Development Report, 2000/2001；（2）IMF World Economic Outlook Sept, 2000；（3）World Development Indicators, 2000；（4）OECD Database.

作为自然资源匮乏的国家，新加坡的经济成就主要来源于其对制造业、商业和出口及就业服务的重视。通过对国民技能和能力的积极开发和利用，加之来自国外的劳动力的贡献，终于使这种重视成为现实。1996年，外来移民工作者占整体劳动力的 20.5%（Alto 等，2000，p. 223）。1984—1998 年，制造业的就业率下降，但专业、技术和管理方面的就业率随着经济发展显著提升，从 1984 年的 21.8% 增长到 1994 年的 32.4%（Green, 1999, p. 48）。

20 世纪 90 年代，东南亚的服务型经济增长达到了世界平均水平的 3 倍（WDI，1999）；新加坡超过 70% 的劳动力从事服务业，不到 1% 的劳动力从事农业，其余近 30% 的人从事工业（World Bank，2000）。女性工作者也取得了跨行业的就业转变。在过去的 20 年中，工业部门的女性职工下降了 15 个百分点，而服务业的女性工作者上升了 9 个百分点。

1993—1998 年，新加坡就业的平均年增长率是 3.27%，只有中国的 3.04% 能与之相媲美。图 29 显示了所选国家在 1993—1998 年的年均就业增长率。

1998 年的亚洲金融危机造成了新加坡 4.5% 的失业率，虽然与许多其他国家的失业率相比位于中等水平，但是相比新加坡先前的发展趋势，已

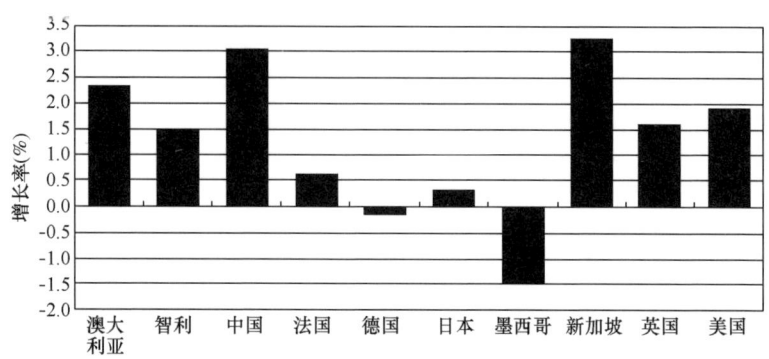

资料来源：World competitiveness yearbook，2000.

图29　1993—1998年的年均就业增长率

经是很大的下滑了，从1960年的13.2%下降到1996年的2%（Lee Tsau Yuan, 1998）。尽管新加坡的经济复苏势头很猛，但在一些关键的领域仍旧保持放缓的趋势。预计未来几年内，企业为了增加竞争力，会继续进行重组和调整运营，被解雇的员工会达15 000名。

就业模式也对职业教育与培训有显著影响。表24展示了1998年重点产业的就业分布情况。

表24　1998年不同行业的就业人数

行业	劳动力比例
制造业	24.4%（1984年为27.4%）
金融与商业服务	28.6%（1984年为8.6%）
贸易	17.4%
交通运输	10.4%
建筑	7.4%
其他	11.7%

资料来源：MTI briefing cited in Green，1999.

最近，很多企业为了限制长期员工的数量、降低固定开销而将一些职能外包，因此散工的数量在逐年增加。这种变化的程度很难估计，但政府人力资源委员会预计，技能规模低端的就业机会将会受到威胁，未来的永久性全职工作会越来越少。这意味着不可避免地会出现更多的劳动力转移，高级通用证书的需求有可能会增加，尤其是在职业教育与培训领域。

新加坡的技能型劳动力在世界排名第十一（World competitiveness yearbook，1999）。尽管如此，技能人员和研究生水平的工程师、信息技术专家等仍然有明显的技能短缺（Green，1999，p. 48）。新加坡目前通过允许周边国家的大批移民工人进入的方式增加现有的劳动力，补充不熟练和半熟练的劳动力。他们的出现增加了社会的异质性，但由于大多数人并没有携家而来，这种多样性在学龄人口中并不明显。

二、教育体系

教育服务（Education Service）关于"通过塑造决定国家未来的人，来塑造国家的未来"的使命声明，充分反映了"新加坡的人民是国家的财富"的观点（MOE，2000）。新加坡的教育、经济政策规划之间有着密切的联系，这意味着教育是媒体和公共领域广泛关注的对象。1992年的教育支出占公共支出的15%（Gopinathan，1994）。

新加坡的教育体制是高度集中化的，所有的公共教育均由教育部负责，包括学校教育、由理工学院和大学提供的教育以及技术教育学院提供的初次职业教育。

学校体系中公立学校占主体，有少量私立学校。新加坡绝大多数的儿童要进入政府办的或政府赞助的小学和中学。从表25可以看出政府教育机构的比例之高。

表 25 2000 年新加坡教育机构的数量

机构类型	小学	中学	综合*	初级学院	中央研究所	合计
公立	153	101	—	9	2	265
政府赞助	42	24	1	5	—	72
自治	—	15	3	—	—	18
私立	—	8^	—	—	—	8
合计	195	148	4	14	2	363

*：综合学校包括小学和中学。

∧：只有两所私立学校会传授新加坡剑桥普通教育（GCE）课程。

资料来源：MOE, 2000.

孩子从 6 岁开始上小学，持续 6 年。该体系具有高度选择性，普遍相信学生有"天生的或遗传的智力"（Green, 1999, p.65）。学生第一次分流发生在小学四年级。学生从中学教育过渡到高等教育或培训的路径分化则以小学毕业考试（PSLE）为起点。小学毕业考试（PSLE）在小学六年级结束时进行，考试成绩决定了学生只能从四条路径之中选择其一，大部分进入特殊（前 10%）或专门课程路径，在四年课程结束之后通过考试获得新加坡—剑桥普通教育（GCE）"普通级"或"O 级"证书。那些被认为能力稍差的学生采取"常规"路径，在四年后完成 GCE "正常"或"N 级"考试，如果顺利的话，可以在第五年达到 GCE "O 级"（见图 30）。

继 GCE 的"O 级"之后，学生可以申请到初级学院（junior college）进行两年制大学预科课程的学习，或进入中央研究所（centralised institute）学习三年的大学预科课程。这两个课程都可以通往 GCE "A 级"，通向大学。

虽然体系是基于选择性的精英政策，但它要求所有层次的教育都要保质保量，至少在理论上如此。所有的学生都有通道继续深造，无论他们最

第三章 东　亚

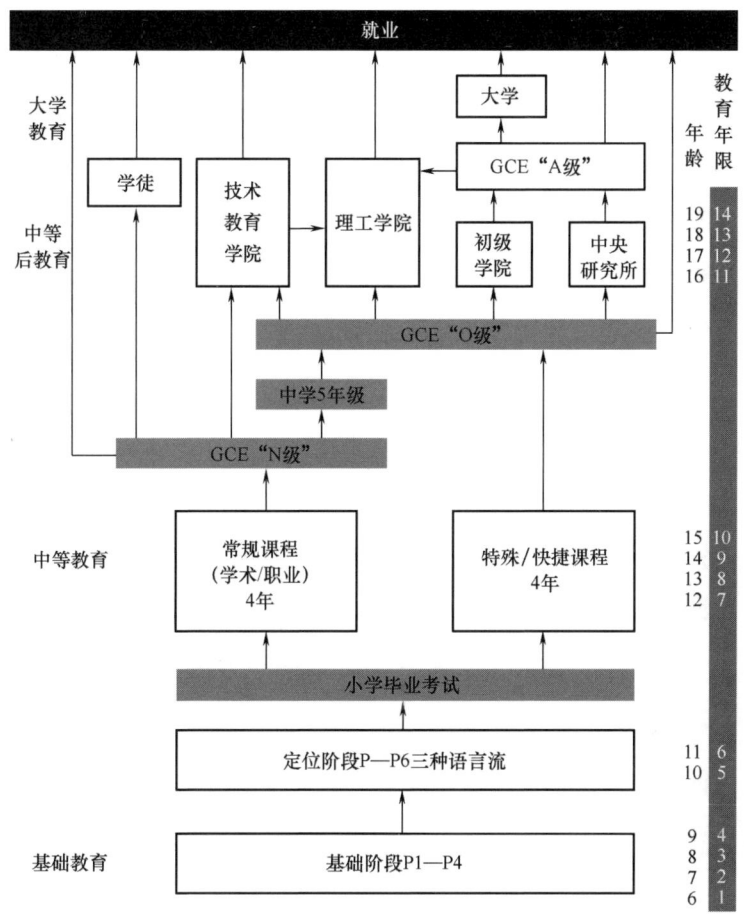

图30　新加坡的教育体系

初的分流是什么。因此，一个通过"O级"考试进入理工学院的学生也应该有机会进入大学，顺利完成大学课程。

教育部行使的权力范围凸显出高度中央集权的特点：设置全国统一的课程，决定学校中使用的评估类型，控制招生配额，控制学生分流的比例，甚至各个学校的日常管理规章都是由教育部来设计（Green，1999，p.58）。不过，黄（Wong）（Green，1998，p.59）认为，高度管制的课程可能会限制学生的主动性和多样性，而它们恰是未来经济增长所需要的素质。最近，政府一直试图授权给一些中学，让它们能拥有课程的自主权。

新加坡和日本的境况一样，学校教育竞争非常激烈，学生通常在小学和中学时就开始参加课后辅导班。这就为家教服务提供了巨大的市场，并且基本上不受监管。市场反映出学生从幼年就开始的学习压力。很多家长希望孩子能通过信息技术获得竞争优势，于是就给孩子报名参加信息技术的幼儿游戏小组，参加适合4~6岁孩子的"少年天才"电脑课。

虽然教育不是强制的，但政府的政策规定，所有儿童应接受至少10年的学校教育。新加坡成功地实现了这些目标，且普及率很高。事实上，截至1986年，受教育年限少于10年的学生只占1%（Wong，1988；Green，1999，p.59）。到1997年，青年（15~24岁）文盲率，男性减少到1%，女性为0。在亚洲地区，新加坡仅次于日本，与香港水平相当（WDI，1999）。相比之下，中国和墨西哥的青年文盲程度较高，男女性之间差异明显。中国年轻女性的文盲率可能是年轻男性的4倍（WDI，1999）。

新加坡的教育体系在提供基础技能和数学、科学知识方面做得非常成功。图31显示了1995年的新加坡八年级学生在数学和科学领域的成绩排名。

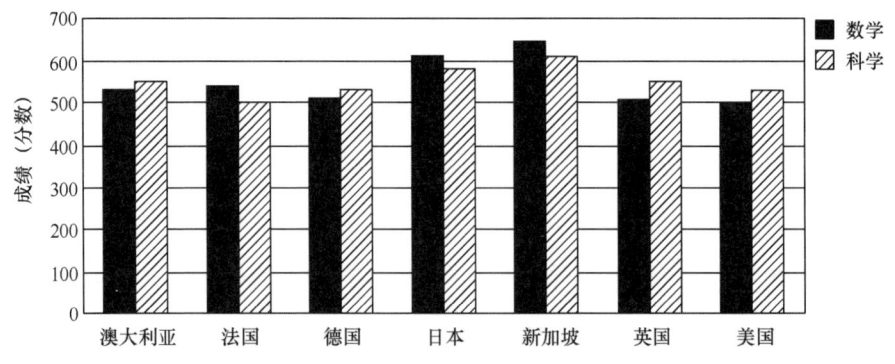

资料来源：World competitiveness yearbook，1999.

图31　1995年八年级学生的数学和科学平均成绩

2000年初，政府花费300万美元在新加坡国立大学建立了数学科学研究所，以证明数学在知识经济时代的重要性，期望数学能为经济增值。同时，政府力邀全世界知名度高的科学家，包括诺贝尔奖获得者参观学校，为学生开办公开讲座，以吸引更多的学生投身科学领域。在亚太地区，新加坡正在努力让自己成为信息技术领域的佼佼者（TOI，2000，p.16）。

三、职业教育与培训

要想理解新加坡的职业教育，首先要了解人力资源和经济发展综合战略产生的影响（Ashton 和 Sung，1994；Cheung，1994；Green，1999，p.56）。职业教育与培训的决定受到职业与技术教育委员会（Council for Professional and Technical Education）的强烈影响，该委员会由贸易与工业部部长主持，成员包括教育部长、全国总工会的领导、高等教育机构的校长等。因此，课程及评估都有明显的中央集权特色。同时，义务教育的各阶段都十分强调道德教育。

为了实现经济发展目标，新加坡制定了一系列规划和政策，它们对社会和经济生活产生了决定性的影响。特别要指出的是，人力资源规划和教育培训政策完全紧密围绕经济目标。黄（Wong，1992）描述了新加坡人力资源规划的三个主要阶段。第一阶段，1959—1965年，重点强调减少失业，首先普及小学教育，再扩大中学教育（Green，1999，p.54）。这段时期的产业发展并不需要复杂的技术，完全可以依赖外来劳动力。

第二阶段（1965—1972年），重点放在发展出口导向型产业，这意味着更高层次的技能需求不断增加。政府两个机构——教育部的技术教育部门（Technical Education Department of the Ministry of Education）和全国生产力中心（National Productivity Centre）诞生，负责战略实施以满足当前的技能需要，包括支持离岸培训，鼓励外资公司开发内部培训和设置专门的培训学校。

格林（Green，1999，p. 55）指出，发展的第三阶段从20世纪70年代中期开始，特点是：迅猛的经济扩张，低失业率和技能的广泛需求。自那时起，出现了对技术工人的强劲需求。因为周边地区的发展中国家的劳动力成本较低，与新加坡形成强烈竞争。这时，政府试图通过提高生产质量和服务质量来赢得竞争优势，进而需要发展高水平技能，因此由学校和理工学院提供的技术教育便被进行系统性的推广。职业教育与培训还通过建立行业和教育之间的联系而得到强化。于是，重心从注重产品质量和提供更高技能和技术水准的服务转移到推广学校和理工学院的技术教育上。政府采取很多措施以刺激"较长期的行业培训计划"的开发（Green，1999，p. 55）。然而，有人认为可以将年纪大的和未受过培训的员工转移到附加值高的活动和技术项目中（Pang 和 Low，1994，p. 5）。优先解决成年工作者的发展，特别是那些只接受过小学教育的人。1980年，新加坡只有40%的劳动力在小学水平以上，其比例低于中国和日本。

技能发展基金会（SDF）成立于1979年，专门为企业培训高技能领域的人才而提供资金支持。基金最初是通过征收月工资不到750新加坡元的员工4%的工资税来维持运营。资金提供给雇主，雇主可以进行内部培训，或派遣员工到公共机构和私营机构学习认证课程，也可以投资技术基础设施建设和培训。政府也成立了职业与技术教育委员会（CPTE），隶属贸易和工业部，主要负责统筹教育和人力资源开发（Pang 和 Low，1994，p. 6），并在1983—1990年，新开发了一批特殊工人培训计划（BEST, WISE, MOST, COSEC, TIME and FAST FORWARD）。这些培训计划为服务人员提供小学和中学教育、与工作有关的6个月模块化技能课程、核心技能培训，在工作时间以外提供培训，方式灵活。还有另外一个方案（INTRO），它鼓励将基于雇主的培训资源加以扩大并进行共享。

20世纪90年代初，培训出现结构性调整。职业与产业培训局（VITB）推出了一套新学徒制，它是在德国"双元制"基础上，为那些没有接受过高等教育的人提供入门级的技能培训（Pillay, 1992）。职业与产业培训局后来改名为"技术教育学院"（ITE），经济发展局改名为国家生产力局，负责技能发展基金会。如此一来，技能发展基金会的培训项目和国家生产力局的生产项目之间的联系便得到了加强。义务教育后的教育体系特别重视入门级职业技能的发展。

新加坡没有终身雇佣制，需要开发出一套连贯的通用国家资格。因此，学校颁发的O级和A级资格证书、理工学院颁发的文凭、技术教育学院颁发的证书都要与国家标准相关联，并为找工作和换工作提供相应的敲门砖。国家认可的资格覆盖国家资格框架的多个层级，模块化课程可以提供能力单元或能力模块水平方面的技能评估和认证（Alto等，2000）。

人力资源需求和配额的详细计划，直接指导了劳动力过渡过程的课程建设。通过鼓励学生参加东盟区域技能培训奥林匹克竞赛和开展国家培训技能竞赛，新加坡正在不断提高职业教育体系的质量。

四、初次职业教育

政府教育体系（包括技术教育学院、初级学院和理工学院）每年接收近90%的中学毕业生。按照配额，25%去了初级学院，在那里将有80%的学生最后升到大学学习。65%的学生要接受职业培训：大约25%的人在技术教育学院接受"技能水平"（skills level）培训；剩余的40%由理工学院提供"技师水平"（technician level）的培训。还有10%参加学校外的职前培训，主要是在企业内进行初次职业教育。

职业与技术教育委员会（CPTE）对 2000 年的中学毕业生的后续教育目标设置如表 26 所示：

表 26　2000 年校外人员的进修目标

进修机构	入学人数	注册人数
初级学院	10 000（25%）	20 000
理工学院	16 000（40%）	48 000
技术教育学院	10 000（25%）	16 000
合计	36 000	84 000
剩余校外人员	4 000（10%）	
校外人员合计	40 000	

资料来源：Pillay，1996，p. 13.

负责中学毕业生培训的国家机构主要是职业与技术教育委员会、技术教育学院和四所理工学院。技术教育学院是技能培训的国家权威机构，它负责建立国家技能标准和颁发证书，并管理学徒制系统，同时为中学毕业生开展脱产培训。这里有 12 个培训咨询委员会（TACs），每个委员会负责一个培训部门。然而，1988/1989 学年度至 1998/1999 学年度的 10 年间，政府用于教育的开支只增加了 1 倍，但用于理工学院的培训支出增加了 3 倍多。

技术教育学院下设 10 家培训机构，可提供全职培训。它提供 NTC2 和工业技师证书（Industrial Technician Certificate）两到三年的认证课程。完成之后，技术工人还可以继续进行在职培训。

表 27 显示了新加坡后义务教育和培训机构在 1998 年的学生入学人数、报名人数和毕业人数。

表27　1998年后义务教育与培训的注册、入学和毕业生人数

机构	入学人数	注册人数	毕业生人数
技术教育学院	11 137	13 808	5 414
理工学院	17 173	48 734	12 807
大学	9 760	32 109	9 331

资料来源：MOE，1999.

1997—1998年，技术教育学院学生人数出现大幅上涨，人数翻番。报名的男生人数是上年的2倍，女生人数是上年的2.5倍。如图32所示，最显著的上升出现在技术技能领域，女生报名人数达到上年的3倍。1998年进入技术技能领域的男生人数是1997年的2.4倍。女生在商业服务专业（2.3倍）和工程专业（1.8倍）新增的招生人数也超过男生。不过，总体上男生仍然在技术技能和工程领域占主导地位；而在商业和服务技能培训领域，女生占大多数。

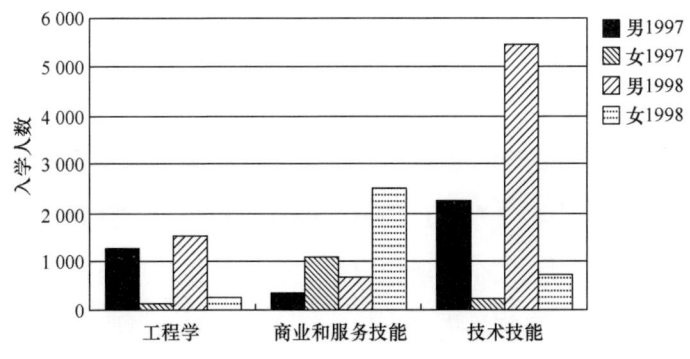

资料来源：MOE，1999.

图32　1997和1998年技术教育学院入学人数

1997—1998年，理工学院的入学人数没有太大变化。报名人数在计算机或信息技术专业略有增加，在工程和科学领域有所下降，这反映了新加

坡经济发展局报告的就业岗位趋势。1999年，电子学是市场热门专业，获得了市场上34%的工作机会，相较而言，工程领域总共只有3%的工作机会（EDB annual report，1999）。

1998年，理工学院有近5万全日制在校生，主要集中在电气工程（26%）、会计/商业（22%）、机械及制造（19%）和计算机/信息技术（10%）等专业（MOE，1999）。

学徒可作为全日制培训之外的另一选择，1990年新加坡学徒制度重新修订，新学徒系统（NAS）是参照德国"双元制"制定的：

- 强调行业培训师的素质。
- 继续为学徒提供普通教育。
- 为雇主提供更高的技能发展基金（SDF）。

（SEAMEO，1994，p.5）

新学徒体系更加重视行业培训师的技术和教学能力，更高的技能发展基金补贴可以吸引更多的中学毕业生进入新学徒制体系，其中低于新加坡GCE"N级"资格的学徒，需要参加雇主赞助的学术升级课程，从而增强培训的效果。

新学徒体系包括多种培训模式，有的学徒参加一周一天的脱产培训，有的参加3至6个月的全日制培训（SEAMEO，1994）。技术教育学院或者得到它认可的培训中心（ATC）都可以进行脱产培训。得到认可的培训中心也可以开设工业中心或企业所指定的课程。学徒培训委员会负责监督和促进学徒制。培训项目都是模块化的，通常包括四个模块，每个模块有90至120个小时的培训。

五、继续职业教育

新加坡政府通常采取税收激励的办法来推动再培训，税收激励政策既涉及雇主又涉及员工。雇主一旦为在职员工培训进行投资，就能够在引进外国技能工人时缴纳低额税款。技能发展基金要求雇主分担员工的培训费用。补贴比率一般根据课程的有用性进行发放，甚至在某些情况下可以高达70%。

该体系的目标是每年有25%的劳动力能接受基于公司的培训，目的是让每名员工每4年周期里能够接受一些培训。技术教育学院可以为在职员工提供脱产培训，也可以为其他人提供基础教育和继续教育。同时也进行公共贸易测试，促进并支持行业培训中心和在职培训（Pillay，1996）。继续教育与培训顾问委员会（ACCET）是一个第三方委员会，主要负责监督实施继续教育和培训计划。技术教育学院为工作者提供业余的和周末技能课程，但并不是所有人都可以参加。

政府关于培训的最新举措，就是由新加坡生产力与标准局（Singapore Productivity and Standards Board）在1999年推出的关键技能培训（CREST），以培养优质金领，迎接知识经济的挑战（SPSB，1998）。凡是经授权的机构，均可以在全国范围内提供此培训项目。它的目的是发展智力资本，试图将单纯的劳动力变成一个"在知识经济时代中能够不断学习和思考的人"。该项目必备的7个通用核心技能是：

- 学会学习。
- 读写能力。
- 听力和口语交流。
- 解决问题的能力和创造力。
- 个人效能。
- 团队效能。
- 组织效能与领导力。

有趣的是，新加坡再次借鉴其他国家的经验，开始在新加坡国内确定劳动力通用技能需求。这些通用技能已经获得英国、加拿大、日本和美国等许多国家的认证和支持（SPSB，1998，p.6）。新加坡生产力与标准局承认,通用技能是对美国和其他地方所做的研究中借鉴过来的,已经通过检验并进行了新加坡本土化的修改。技能发展基金承诺确保新加坡理工学院工作团队(SPSB)实现培养新加坡的一半劳动力的目标(SPSB,1998)。

六、方向和问题

新加坡"产业21(Industry 21)"的目标确认了政府以前提出的方向:"为了将新加坡发展成为一个以知识为基础的经济体(KBE),我们必须继续投资我们的人民,加强我们的能力,发展知识驱动型产业。"

1999年,全国总工会提交了一份提案,要求政府资助员工再培训。根据其条款,雇主和员工需要每月将部分中央公积金中的资金支付到技能存储账户(Skillsave account),这部分钱专门用于再培训。这无疑为员工提供了技术升级的机会,且无需雇主承担额外的费用。老员工容易成为裁员的对象,因此提高技能对于他们而言非常重要。

一个依赖外部市场的高度西方化的社会和建国历史很短的国家,容易出现依靠国外专业技术的倾向。格林说,1965—1972年,"政府曾借鉴国外的思想和专业知识来快速应对即时的技能需求"。他们提供资金支持,把大量工人送到国外接受培训,并鼓励外国公司设立学徒项目和培训学校(Green,1999,p.55)。

自20世纪70年代中期以来,政府鼓励提升大学水平,于是从国外机构购入现有的大学和研究生课程。特别是高等教育,完全向西方敞开大门,使得新加坡院校与澳大利亚、美国和英国的大学为争夺本地学生展开了激烈的竞争。即便适应新加坡国情的定制课程已然开发,但报纸上刊登的外国教育机构提供新加坡和海外课程的广告比比皆是,海外机构在新加坡备受推崇。这种外部导向的原因可以简单地理解为新加坡50%以上的人员受雇于外国公司,或许他们认为国外学历更切合他们的事业。另外,说到教育,它可能反映了"文化自卑心理"殖民后遗症。不管如何解释,都绕不开新加坡缺乏大型本土公司的事实，也暗示了新加坡对自己国家产品的质量没有足够的信心。

正如在许多国家一样，职业教育与培训的社会地位通常不高。与备受瞩目的高等教育相比，职业教育的报道鲜有耳闻。一个新加坡职业教育与培训体系正在发生的重要改变是，目前由新加坡理工学院的工作人员开发了一个国家认证体系，以确保提供继续教育时其资格标准的一致性和通用性。

新加坡政府已通过它的代理机构形成了系统的提高技能水平的方法，这种综合方法在满足人类的智力资本发展中非常重要。竞争力委员会（The Competitiveness Committee）认为，这些战略必须包括"从教育各个阶段培养劳动力的技能、创造力和才能到创业培训的发展"（1998，p.85）。这个技能发展的综合计划包括发展企业培训的新举措和改革学校教育以及高等教育。

1997年，新加坡的本土企业用于员工的工作场所培训的平均支出高达工资的3.1%，其中很大程度上来源于政府对工作场所培训的补贴支持。技能发展基金会每年都会资助1/3的员工进行某种形式的培训（Green，1999）。新加坡技能型劳动力排名，从1994年的第27位升至1999年的第10位（World competitiveness yearbook，1999，p.276）。

然而，尽管技能发展迅速，新加坡显然还没有成为德国或日本那样的高技能经济体（Green，1999，未发表的）。制造业研发人员短缺，低技能工人的技术升级困难等问题依然存在。服务业是规模最大也是发展最快的产业，但是服务业中缺乏大量拥有必要能力和经验的专业人员去不断创新、创造甚至创业。

新加坡未来的人力资源发展的一个关键问题与上面提到的最后一个掣肘有关。一方面是教育的集中化和严格监管，强调守规矩；另一方面是培育文化创新能力，最终成为冒险家和企业家，两者之间有一种潜在的矛盾。例如 CREST 项目和"思考中的学校——学习中的民族"项目，都在试图转变学生的思考和学习方式。但是，这两种方案仍然脱离不开现有的体系限制。格林（Green，1999）在报告中指出，新加坡教师谈"管理创新"（managed creativity）或"有界创造力"（bounded creativity），重点是提高解决问题的能力，而不是思考方式不同或以富有想象力的方式思考。新加坡有越来越多的跨国公司（MNC）雇主在拓展对员工的培训计划，因此，政府对培训结果的严格管控可以稍微放松了。

第四章 美　　洲

美洲的广大地区既没有经历大部分欧洲地区的正式融合，也没有经历东亚从 20 世纪 70 年代中期之后 20 年里经济的快速发展和一体化。但是，在北美大陆主要讲英语的地区和其余主要是拉丁美洲（以下简称"拉美"）地区之间，有一条鲜明的分割线。任何拉美经济体都未能达到美国和加拿大的经济实力、高收入水平和政治稳定性，相反，拉美地区面临着贫富差距、贫穷和政治动荡的问题。两个地区经济的产业基础也大不相同。

然而，正如一个多世纪以前门罗主义（Monroe Doctrine）所言，美洲确实有一个明确的身份认同，经济之间有清晰的关系，其中包括美国和拉美国家。巴西的经济规模可以与任何欧洲国家相匹敌，甚至超过它们，美国为了保持经济的稳定性已经采取强有力的措施，否则美国经济一旦崩溃，将对整个地区产生严重的后果。

此外，社会、政治和经济文化的差异遍布整个美洲地区。美国走的是自由市场道路，公共事业相对欠缺，美国与政府占主导地位的国家对比鲜明，例如墨西哥。然而，拉美国家，特别是智利，在过去的 20 年一直拥护新自由主义的经济管理道路，并且在整个地区推行了高度的经济政策创新。

关于职业教育，北美和美洲其他区域一直存在分歧。大多数拉美国家几乎在同一时间运用拉美模式。这种模式通常包括一个以工资为基础的培训税，用于资助政府管理的培训行业，类似澳大利亚的技术与继续教育（TAFE）。很多国际机构如世界银行对这种模式的评价并不高，甚至不少国家已经取消这种模式，取而代之的是在职业教育的管理、经费、资金和教学中采取一些激进的创新措施。智利最先实施改革，其他国家如阿根廷、巴西、哥斯达黎加和秘鲁随后也推出了创新方案。

我们的研究包括美国、墨西哥和智利。这三个国家在经济、地理和政治基础方面对比鲜明。美国实行的是自由主义的政治、社会和经济制度，而墨西哥由社会主义政府主导70余年，直到20世纪末。智利最近经历了一场政治动荡。这三个国家职业教育有其自身的性质，至少部分地区是其政治文化、历史和社会文化差异的反映，其他主要影响则反映在这些经济体的整体性质和实力上。

第一节 智 利

一、经济

智利只有1 500万人口（85%居住在城市），和其他的拉美国家相比，智利人均收入较高，可达4 612美元（IMF，2000）。智利经济显示出高增长和先进经济体的特点。1990—1999年GDP年均增长7.2%。跟大多数拉丁美洲国家一样，智利在20世纪90年代末也经历了轻微的经济衰退，1999年GDP下降了1.1%，预计2000年GDP增长率为6%（图33及表28）。

考克斯·爱德华兹（Cox Edwards，1999）指出："智利在改善基本的劳动力市场指标和改善贫困方面的表现令人印象深刻，遗憾的是，并没有超过东亚。"（p.1）根据世界银行的记录，智利的家庭贫困率从1987年的45.1%下降到1999年21%。总体失业率相对低于拉丁美洲水平（ILO，1999）。失业率从20世纪80年代初的10.4%降至1994—1997年的5.3%（IMF，2000），并于1999年达到高峰11.5%（IMF，2000）。实际工资在过去10年都以4%的比例增加（IMF，2000）。

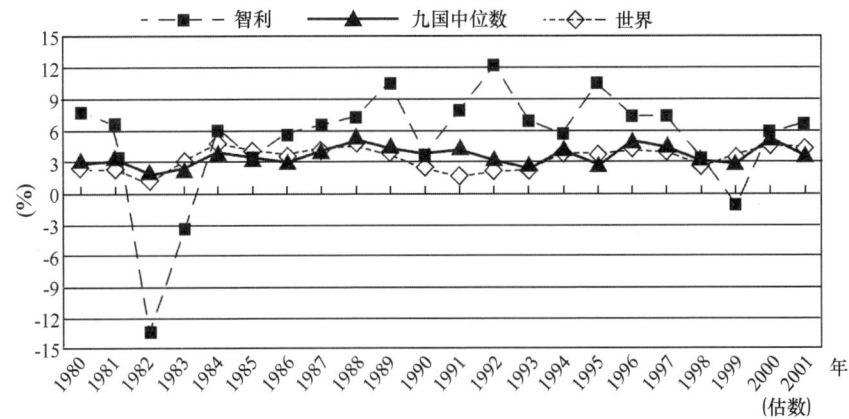

资料来源：IMF, World Economic Outlook Database, 2000.

图 33　1980—2001 年国内生产总值增长率

表 28　经济和教育指标

	智利	九国中位数
人口（1999）[1]	1 500 万	—
人均 GDP（美元）（1999）[2]	4 612 美元	24 751 美元
GDP 年均增长率（1990—1999）[1]	7.2%	2.7%
失业率（1994—1997）[3]	5.3%	4.9%
15～19 岁的青年失业率（1998）[4]	—	15.2%
劳动力的年均增长率（1990—1999）[1]	2.4%	1.2%
公共教育支出占 GNP 的比例（1997）[1]	3.6%	4.8%
中等教育的学生净注册率（1997）[3]	85.0%	92.0%
受教育年限（1998）*[4]	14.2 年	16.6 年

＊：包含所有的教育阶段，5 岁以下的幼儿教育除外。

资料来源：（1）World Development Report, 2000/2001；（2）IMF World Economic Outlook Sept, 2000；（3）World Development Indicators, 2000；（4）OECD Database.

1990—1998年，服务业每年的增长率是7.7%，远高于拉丁美洲和加勒比地区3.4%的增长率（World Bank，2000）。通常情况下，劳动力市场的变化对劳动力有不同的影响，一般男性就业率会上升，而女性和青年的就业率出现下降趋势。其历史上的收入分配一直不太平等，但在过去10年相对稳定，现在又有加剧的迹象（Cox Edwards，1999）。在拉丁美洲的国家中，智利人口的受教育水平较低，相对就业成本是最高的（EC，1997）。而根据世界银行的调查，智利的腐败问题是拉美国家中最低的。除了这些经济特点之外，非正规部门的就业大约保持在22.3%（虽然这是拉丁美洲各国的低水平，并且仅智利和哥伦比亚的非正规部门的就业在下降），家政服务占6.3%，正规就业部门中小型农业占8.4%。

随着阿连德（Allende）政府被推翻，皮诺切特（Pinochet）政府在1974年开始执政，此后智利采取了激进的市场经济措施。权力下放、私有化和市场化成为包括教育和培训政策在内的公共政策的核心主题。近年来激进的市场化行为趋于缓和，社会主义领导人在1999年当选。尽管如此，这三个主题仍然是智利在教育和培训领域比较重要的特征。

二、教育体系

智利总体教育水平在最近几十年大幅提高。平均受教育年限从1990年的13.1年提高到1998年的14.8年。成人文盲率控制在4%，而拉丁美洲和加勒比地区的整体水平为12%（World Bank，2000）。1997年智利的中等教育净入学率为85%，高于其他拉美国家，如图34所示。

教育体系是高度分权的，公立学校的管理权已经转移到市政当局。初、中等教育机构共有三种类型：公立学校、受资助的私立学校和没有补贴的私立学校。学校体系中有效地运用了教育券制度，在不收学费的条件下，政府按学生数量给私立学校提供补贴。受资助的学校也包括由行业组

第四章 美　　洲

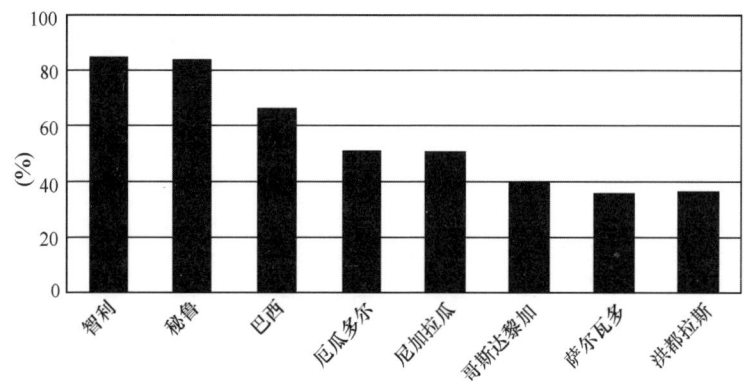

资料来源：World Bank，Selected World Development Indicators，2000.

图 34　1997 年中等教育净入学率

织设立或管理的职业学校。教育部监督整个体系，包括学校的注册和设立的课程。该教育体系的基本结构如图 35 所示。

"补贴"制度并非没有争议（Carnoy，1998）。大量受资助的学校都是由以前政府办的学校经过公司化改革而来的，类似英国的"退出"（opted out）学校。这些学校和私立学校普遍比公立学校成绩更好。于是出现了这样一种趋势，受资助补贴的学校和私立学校服务高收入客户，被公司化的那些学校往往更容易取得佳绩①。另外，集中管理的劳动关系体系在 1991 年被重新引入公立学校，这抑制了改革的进行（World Bank，1999a）。

截至 2000 年，国家在过去 5 年对教育领域的投入增加了 20%。政府将已公布的增值税减少 1% 的政策推迟实施，以资助教育改革。措施之一是将每周在校时间延长至 38 小时，改革范围包括受资助的学校（Ministro de Educacion，1999）。智利每名学生的教育开支均低于九国平均值及经合组织国家的平均值，高等教育略高于经合组织均值，如表 29 所示。

---

① 例如，学生家长接受教育的学校分布如下：私立占 14.2%，资助的占 11.3%，公立的占 9.6%（Cox Edwards 和 Da，1994）。

141

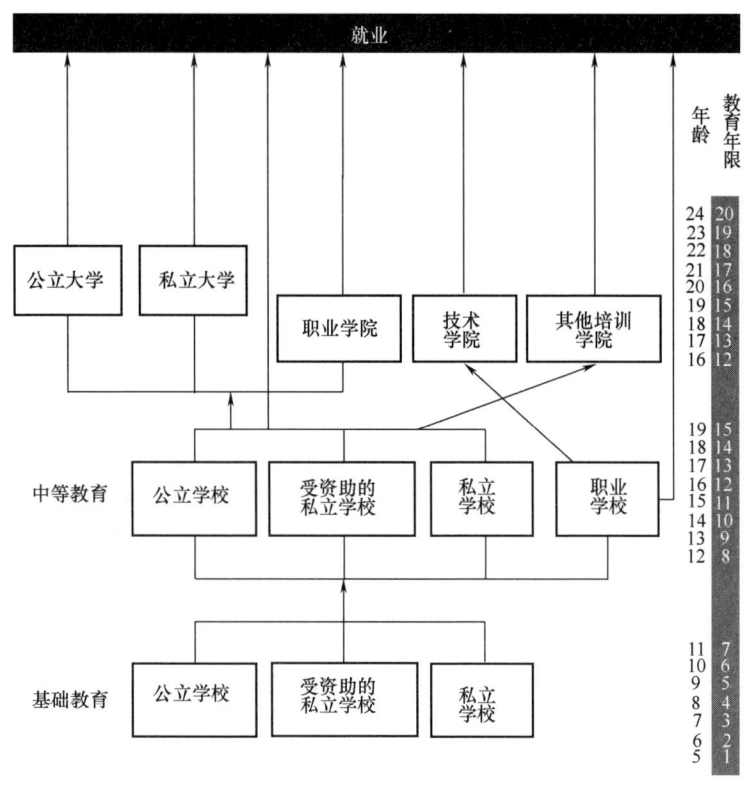

图35 智利的教育体系

表29 1997年各级各类教育中学生的人均支出

	智利（美元）	九国中位数（美元）*	经合组织国家中位数（美元）
幼儿教育	1 929	3 603（7）	3 463
小学教育	2 115	3 470（7）	3 851
初中教育	2 220	3 983（5）	4 791
高中教育	2 337	5 492（5）	5 790
所有中等教育	2 292	4 927（7）	5 274

续表

	智利（美元）	九国中位数（美元）*	经合组织国家中位数（美元）
中等后非高等教育	—	8 001（2）	5 337
高等教育	8 775	9 390（7）	8 612

*：九国中位数并非包含所有国家的数据，括号内的数字表示可获得数据的国家数目。

资料来源：OECD Education Database, table B4.1.

中等以后教育是高度多元化的。不仅有公立大学，现在还建立了一些私立大学作为补充。专业学院和技术培训中心也成立了不少。这些机构的变化如表30所示。

表30 1980—1990年受资助的中等后教育机构数量

	1980年（个）	1984年（个）	1986年（个）	1985年（个）	1990年（个）
大学					
有公共资助	8	17	20	20	20
无公共资助	—	3	3	6	40
专业学院					
有公共资助	—	7	4	4	2
无公共资助	—	18	19	26	80
技术培训机构	—	102	122	123	168

资料来源：Ministro de Educacion, 1999.

三、职业教育与培训

改革之前,智利的职业教育与培训体系与拉美国家的职业教育模式完全一致。该模式是一个基于中等教育分流的体系,参与程度很低,公共培训提供机构控制了培训市场,并通过对企业收缴工资税获得经费。除了建立职业教育与培训的基础结构之外,拉美模式通常并不适合发展中的经济体。后来智利放弃了该模式。

四、初次职业教育

智利改革初次职业教育的主要动力是建立一个更健全的培训市场,而更广泛的目的是扩大培训供给、多元化筹资、提高参与度、改进就业成果,并让职业教育体系更加适应行业需求。这些目的最终是要鼓励教育和培训机构更好地服务和参与继续职业教育。一系列的措施已经开展。

第一,大量的职业学校(159所)转由个人或公司管理。它们继续由国家资助,某些情况下可能高于普通中学的资助力度,但要规定它们以劳动力市场的需求为导向。学校也可以收取"自愿"学费,以这种方式筹集来的资金可以达到国家津贴的40%。如表31所示,职业学校的费用明显高于普通中学。

表31 1993年中等教育毕业生总支出

学校类型	公立的(美元)	受资助的(美元)
普通中等学校	1 697	1 643
职业学校	2 573	2 465

资料来源:Cox Edwards,1999.

在某些情况下，学校被公司接管。例如，阿劳科教育基金会（Fundacion Educational Arauco）由一个纤维素公司建立，它接管了在南部地区的一些学校，还有农业社会发展公司（CODESSER）的农业学校体系。后一种情况显然令人印象深刻（见 Cox Edwards，1999）。农业社会发展公司的学校体系是由农民基金会运作的，除了有政府津贴外，还可以从其他资源获得50%的资金。

中等教育的整体入学率于1988年达到顶峰，技术学校的入学率有所增加，如图36所示。

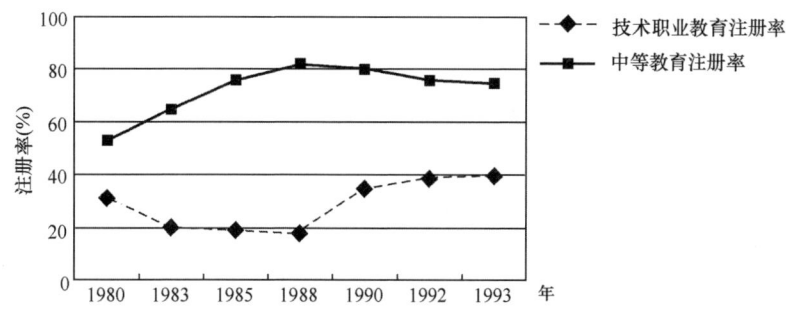

资料来源：Cox Edwards，1999.

图36　1980—1993年中等教育和技术职业教育的学生注册率

第二，由8所国立大学垄断高等教育的局面在20世纪80年代终于被打破，一些民办大学进入了高等教育领域。专业化的学院相继成立，技术培训中心也开始与那些起主导作用的公立培训机构相竞争。这些改革连同那些在学校层面的改革措施进一步推进了两大目标的实施，即教育培训资金来源的多样化和扩大招生。如表30所示，中等后教育公共资金的多元化还算适度。不过，高等教育的入学率1980—1993年几乎翻了3番，但大部分学生没有直接的公共资金资助。

第三，政府取消了曾被用来支持国家培训学院（INACAP）和28个区域中心的工资税①，取而代之的是税收激励计划，用于鼓励企业投资培训。退税高达工资总额的1%，可用于各种培训活动，包括2 000多家私人培训机构提供的服务。这些机构有私立大学和专业学院、职业技术学校、培训中心、非营利组织（包括行业协会）、技术供应商和咨询公司。它们为私人企业和政府资助的培训项目提供服务（Ducci，1997b）。国家培训学院现已转为自负盈亏。

第四，私人培训市场已经纳入政府资助的培训项目。智利政府为失业青年提供了一个培训项目——智利青年（Chile Joven）。该项目成立于1990年，后又延长了4年至1995年，由短期基础技能培训和学徒项目构成。和其他的教育与培训项目一样，该项目也属于权力下放性质，通过招标程序，最终由非政府机构提供培训。项目成效不错，参与率超过了预期目标，就业成果显著。同时，它也为其他拉美国家的类似项目提供了范本。

第五，私营部门已纳入职业教育与培训体系管理。政府还成立了国家技能培训和就业服务中心（SENCE），它独立于教育部以外，由劳动和社会保障部负责。这是一个私立非营利机构，为年轻人提供奖学金和技能培训。同时，创建了教育与工作区域委员会（CRET），加强与企业协会和市政当局的联系。这些机构不仅可以促进职业教育，还可以协调其他职业教育机构的活动，合作经营私人和公共培训资源（Espinoza，1997）。

除了"智利青年"，国家还资助了其他形式的职业教育与培训。规模较小的学徒体系已经实施了几年，它类似于在职培训。国家支持是以工资补贴的形式，而补贴则是通过退税获得。学徒体系的参与率非

---

① 大部分的拉丁美洲国家保持了工资税模式。例如，危地马拉通过税收资助政府的培训机构——INTERCAP，世界银行鼓励这些国家放弃拉美模式（Keating，1999）。

常低（一般低于 1 000 人），是一项对技能形成贡献不大的就业项目。跟许多国家一样，智利也启动了德国"双元制"的试点（Espinoza，1994）。

五、继续职业教育

智利主要是引入退税来代替工资税，这是国家鼓励继续职业教育的主要办法。企业所承担的内部和外部培训的服务费用，均可以从企业税收中抵扣，它可以达到工资总额的 1%。这也包括高达法定最低工资 60% 的学徒的工资成本。这个系统由国家技能培训和就业服务中心管理，那些在国家技能培训和就业服务中心注册的培训机构便可以提供相应的服务。此外，还在行业的参与和指导下，建立了中级技术组织（OTIRs），目的是为附属公司的企业培训提供计划和协调。它们都是在国家技能培训和就业服务中心注册的非营利性组织，主要由附属公司提供资金支持，这些附属公司可免除税款。

从表面上看，退税计划似乎已经取得了成功。如表 32 所示，在过去的 15 年内，公司内部培训项目显著攀升。但培训时间只是小幅增加，并且只有一小部分企业参与。埃斯皮诺萨（Espinoza）指出："20 世纪 60 年代，不到 3% 的纳税企业受益，仅有 1/3 的企业会用到财政激励。"（1997，p.5）。同样，这个体系对大型企业有利，它们以前是自己出资进行培训，现在可取得退税的额外补偿。小企业往往不参与该计划。因此，这个项目是否可以在企业中建立培训文化就很令人质疑了，因为就全体而言，那些没有任何培训的公司仍然保持以前的模式。另一个问题是规模较大的企业倾向为高层员工而不为低层员工提供培训，这与 20 世纪 80 年代澳大利亚培训保障计划的结果类似。

表 32　1980—1994 年企业培训项目

年份（年）	企业（个）	培训者（千人）	培训时长（万小时）	培训支出（万美元）	退税（万美元）
1980	732	97.2	—	—	1 481
1990	6 017	199.6	—	4 724	3 383
1992	12 163	324.7	1 110	5 753	4 011
1994	13 572	433.4	1 410	7 981	5 642

资料来源：Espinoza，1997.

在发展中国家，政府对培训的干预会遇到很多难题。传统的拉美模式效率低下，但往往有利于规模较大的企业，大企业往往更倾向于使用公共培训设施。由于存在技术和劳动力市场结构的二元性，那些旨在促使企业承担培训的方案势必更有利于大型企业。大型企业主要是出口导向型，利用技术，雇用更多训练有素的工人，并且比小企业有更高的报酬。国际上普遍认为这种出口导向型的企业应倾向于提供培训。非正规部门的增加更加剧了这一趋势。政府的干预计划对大企业提供培训起了激励作用，但是小型企业往往对此退避三舍。此外，小企业还具有与政府干预无关的培训障碍，如劳动力流动率高、资本基础薄弱、业务的技术技能含量低（Keating，1999）。

政府对继续职业教育也有一些支持方案。国家技能培训和就业服务中心向失业者、未充分就业者、个体经营者和小公司的成年工作者提供职业培训补助。该方案与英国培训与教育委员会提出的"培训学分"有一定的相似之处，不同的是，智利是针对继续职业教育。方案根据一系列标准筛选出受资助的人，并由招标胜出的私人培训机构提供培训。

国家技能培训和就业服务中心为成年员工的再培训项目提供资金支持，同时也对此具有监督职责。这些项目均需要按照公开招标流程推进，最后由中标的私人机构提供培训。国家技能培训和就业服务中心还联合全国妇女服务中心（National Women's Service）对低收入女工实施培训计划。当然这也需要经过招标程序。显然，这个"教育与工作"（Educacion and Trabajo）项目取得了良好成效（Bosch，1998）。

六、方向和问题

欧盟委员会（EC，1997）指出，拉丁美洲的整体教育标准很低，没有为技能形成提供坚实的基础。聚焦于提高普通教育的水平似乎是智利最近改革措施的基础。每周在校学习的时间延长至38小时，可能是参照了一些欧洲国家的做法，如德国和法国的一些项目。

在高中入学方面，智利的参与程度远远达不到其他经合组织国家的水平。尽管国家也投资不少，但职业教育项目的扩展还是主要依仗私人投资。若想再从国家或私人这两个资源获得更多的投资也许很难。另外，职业教育项目设法与企业对接，鼓励企业参与，有时也会促进以工作为基础的学习，这与欧洲对工学交替式培训的价值的看法一致，同时也与一些组织，如澳大利亚学生实习培训基金（ASTF），对工作场所学习的价值观念相同。

智利的初次职业教育所面对的主要问题是发展和公平。虽然是"自愿"行为，但是过分依赖私人投资也有局限性，而且很可能加剧教育的不公平性。表面上看，这是与受资助的中等教育学校的关系，这些学校更容易筹集资金，但实质上更多集中于高收入地区，整体来看这些学校教学效果更佳。因此，一些学者认为新自由主义措施的实施导致了不公平性的滋生（Carnoy，1998；Avalos，1996；Schiefelbein，1991）。

正如埃斯皮诺萨（Espinoza，1997）所指出的，智利试验的成功至少部分地依赖于它的经济增长。经济增长在近20年一直持续，在拉美范围内令人印象非常深刻。当智利遭受1982年的经济衰退时，初次职业教育和继续职业教育的增长也变得步履蹒跚（Robbins，1999）。可以说，是国家干预这个传统角色一直试图抵消经济周期的影响。私有化、市场化的智利体系反而更容易受到经济周期的重创。

也可以说，国家在职业教育中起到了战略性作用，使职业教育更多地进入到弱势群体，同时在重点行业和技术领域得以推广，并确保其相关性和针对性。智利政府在市场化的职业教育之外，补充了面向青年、失业者和女性的培训项目。事实上，在这个领域，智利已经成为拉美地区的领导者。另外，继续职业教育已经转向服务业（ILO，1999），很少投资高科技领域。此外，劳动人口和小公司从业人员的操作水平没有得到提高。继续职业教育体系与企业的相关性也值得商榷，企业更倾向于根据自己的需求"实施"培训或"挑选"培训，而不进行那些针对行业和劳动力的培训。这些问题在初次职业教育中并不严重，因为国家技能培训和就业服务中心具有较强的监督作用，同时，国家为技术基础方面的研究提供了很多补贴。

智利对职业教育与培训的改革是一种激进的试验。可能现在的劣势跟过去的拉美模式一样大，甚至更大。当然，智利还在坚持这种模式[①]。但值得肯定的是，需求导向的教育供给已经增加，包括国家培训学院提供的培训在内，整体的培训质量也都有所提升。职业教育毕业生可能比普通中学教育的毕业生在劳动力市场表现更好，质量更高（World Bank，1999b）。对新自由主义做法最主要的批评在于它加剧了不公平性和对公共教育投资的减少，可能适用于经验主义意义上的小学和中学教育体系。

全球化对智利职业教育与培训的影响力是难以预料的。从经济的相对表现来看，劳动力市场已经高度放开，产业结构更加以服务业为导向。收入差距的扩大很可能对初次职业教育和继续职业教育造成更大的不平等，经济增长的下降可能也会对它们产生相似的压力。

[①] 见基廷（Keating，1999）。如巴西和阿根廷等国家已经采用了其他模式。

国家在市场化和权力下放的职业教育与培训体系中起到何种作用，智利为我们提供了丰富的案例研究，对澳大利亚的培训改革起到借鉴意义。智利已经在"教育券"和"私有化培训市场"这两个一直存在争议的方面开展了试验。在面临更先进水平的经济增长的挑战和适应全球化新规则的大背景下，国家在职业教育与培训中扮演什么角色才是我们最感兴趣的。可以说，智利在职业教育与培训市场化的道路上走得很远，也许比其他任何国家都远，现在是应该回过头来重新认识国家作用的时候了。正如国际劳工组织的官员（Ducci，1997）在国家技能培训和就业服务中心主办的论坛上所讲的："人力资源培训和发展体系的改进将有赖于对国家角色、私营部门角色以及它们之间关系的重新定义，它们需要更有效率、更有效果和更能够在动态协调下运行。"（p. 13）

第二节 墨 西 哥

一、经济

墨西哥拥有 9 740 万人口，在拉丁美洲中是仅次于巴西的第二人口大国。人均 GDP 达 4 748 美元，与其他主要拉丁美洲国家相比，处于中等水平（IMF，2000）。墨西哥是一个中等经济水平的国家，制造业相对强大，90% 的收益来自出口，但主要面向其北方邻国——美国。尽管 1994—1997 年官方统计的失业率只有 3.5%，1998 年的青年失业率为 6.9%，但 20 世纪 90 年代的年度经济增长率却低至 2.7%。经济具有二元性，同时，以制造业为主导且相对富裕的北方和以农业为主且相对贫穷并伴随社会政治动荡的南方之间的差距很明显。

20 世纪 60 年代以来的 30 年间，墨西哥经济保持高速增长，年平均增长率超过 7%，这在很大程度上受到人口迅速增长的拉动（World

Bank,1998)①。伴随着1988—1994年推行的经济自由化，20世纪90年代初经济实现了较高的增长率。然而，高经济增长率背后存在结构性问题，最终导致严重的经济衰退，1995年GDP跌幅6.2%。政府从那时起开始实行较为温和的政策，经济逐渐复苏，增长率缓慢回升。2000年的经济增长预计可达6.5%（见图37）。

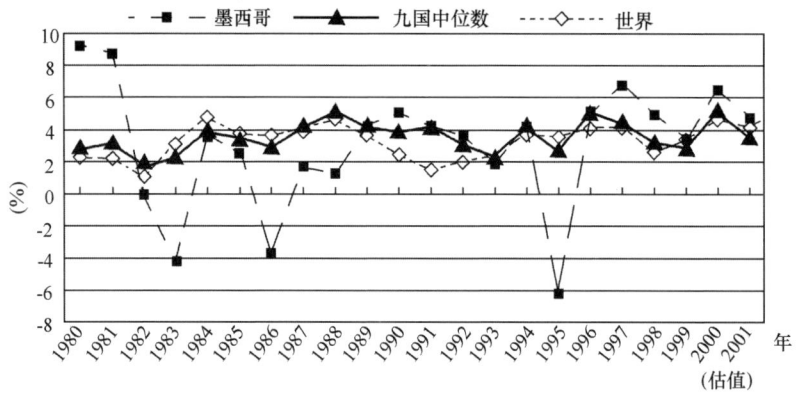

资料来源：IMF，World Economic Outlook Database，2000.

图37 1980—2001年国内生产总值增长率

但是，墨西哥经济存在根本性的弱点。它因依赖美国经济而受到挤压，例如美国1995年的经济低迷就影响到了墨西哥。从1999年经济危机的影响中，还可看出它也受到拉美霸主巴西的支配。同时，墨西哥经济也更容易受油价波动的影响，经济二元性的基本特点也表现在其他结构性的弱点里。

位于北部的大型资本、出口型跨国制造企业与分布在墨西哥城及其他一些中心城市的小型资本、低技能的企业之间也体现了二元性。这在拉丁美洲国家非常典型，却与日本和少数欧洲经济体形成鲜明的对比（Porter，1990）。这两种企业在结构和技能转移或需求方面基本没有任何关联

---

① 从那以后，墨西哥的人口增长减少，主要是通过教育措施。

（Keating，1999）。

一份世界银行的报告（1999b）指出，墨西哥的劳动力受教育程度低，15岁以上人口的文盲率达到9.8%；另一份报告（1998）得出结论："人力资本积累，如果用教育程度来代替的话，似乎不是80年代初以来造成墨西哥令人失望的增长表现的原因之一，但这在与历史的和国际的比较中表现得非常显著。"（p.112）尽管如此，人力资本形成和社会政策的目标却是在消除日益加剧的收入差距，而收入差距与教育程度相关，因此也间接支持社会加大在教育与培训方面的投资力度，包括职业教育中的大量投资和改革举措，最近世界银行支持投资开发基于能力的培训体系（World Bank，1994c）也在其中（表33）。

表33 经济和教育指标

	墨西哥	九国中位数
人口（1999）[1]	9 740万	—
人均GDP（美元）（1999）[2]	4 748美元	24 751美元
GDP年均增长率（1990—1999）[1]	2.7%	2.7%
失业率（1994—1997）[3]	3.5%	4.9%
15~19岁的青年失业率（1998）[4]	6.9%	15.2%
劳动力的年均增长率（1990—1999）[1]	2.9%	1.2%
公共教育支出占GNP的比例（1997）[1]	4.9%	4.8%
中等教育的学生净注册率（1997）[3]	66.0%	92.0%
受教育年限（1998）*[4]	12.2年	16.6年

*：包含所有的教育阶段，5岁以下的幼儿教育除外。

资料来源：（1）World Development Report，2000/2001；（2）IMF World Economic Outlook Sept，2000；（3）World Development Indicators，2000；（4）OECD Database.

在政治上，墨西哥自 1917 年革命之后一直保持社会稳定。2000 年大选之前一直由社会主义的革命制度党（PRI）执政。整个 20 世纪，墨西哥都保持着非常活跃的政治文化，教育体系也受其影响。义务教育一直延长到 9 年，始终强调人文学科和社会科学。例如，公立大学中开设了大量的人类学课程，而国家在教育方面的投资从不吝啬。20 世纪 80 年代的经济自由化时期，教育部门所受的影响十分有限。职业教育仍保持了中央集权的大部分特征，这些特征更是通过全国教师工会的力量不断增强，全国教师工会现有超过百万的会员。

二、教育体系

从图 38 中可以看出墨西哥的各层次的教育都在快速发展。和大多数国家一样，1990 年之前的这段时期，国家对教育的投资一直集中在普及小学教育和扩张高等教育路线的轨道上。职业教育领域的投资主要通过中学体系进行。

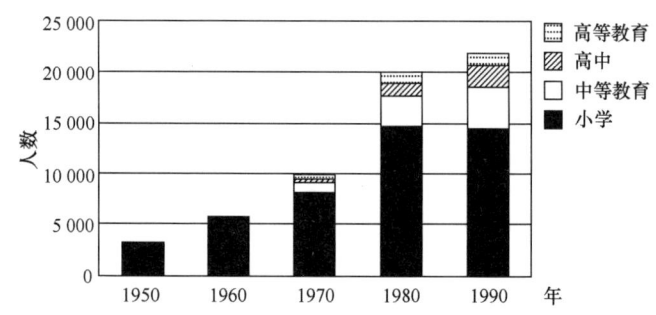

资料来源：OECD，1996.

图 38　1950—1990 年各阶段教育人数

墨西哥每名学生的平均教育支出，远低于九国和经合组织国家中位数，而这很可能是墨西哥的中等教育入学率（66%）位居九个国家的末位的原因之一（表 34）。

表34　1997年各级各类教育中学生的人均支出

	墨西哥 （美元）	九国中位数 （美元）*	经合组织国家中位数 （美元）
幼儿教育	979	3 603（7）	3 463
小学教育	935	3 470（7）	3 851
初中教育	1 443	3 983（5）	4 791
高中教育	2 320	5 492（5）	5 790
所有中等教育	1 726	4 927（7）	5 274
中等后非高等教育	—	8 001（2）	5 337
高等教育	4 519	9 390（7）	8 612

*：九国中位数并不包含所有国家的数据，括号内的数字表示可获得数据的国家数目。

资料来源：OECD Education Database，table B4.1.

墨西哥教育体系的结构与法国相似，小学和初中教育是义务教育，高中教育分为普通、技术和职业流，如图39所示。

学生在初中毕业后，可以进入普通高中或技术高中。与法国的教育体系类似，高中之后，分为不同形式的大学和技术教育与培训，包括短期的技术大学。就在最近，法国已经提出允许职业高中学生完成学业之后进入高等教育。退出初中教育的学生也可以进入短期培训项目。

墨西哥的教育体系内存在多种影响职业教育的因素。高中课程大致分为普通课程和技术与职业课程；学校在管理层面分为联邦、州、私立和独立（自治）学校。联邦层级上存在不同部门，这也增添了教育体系的复杂性。这种划分同样存在于高等教育中，如表35所示。

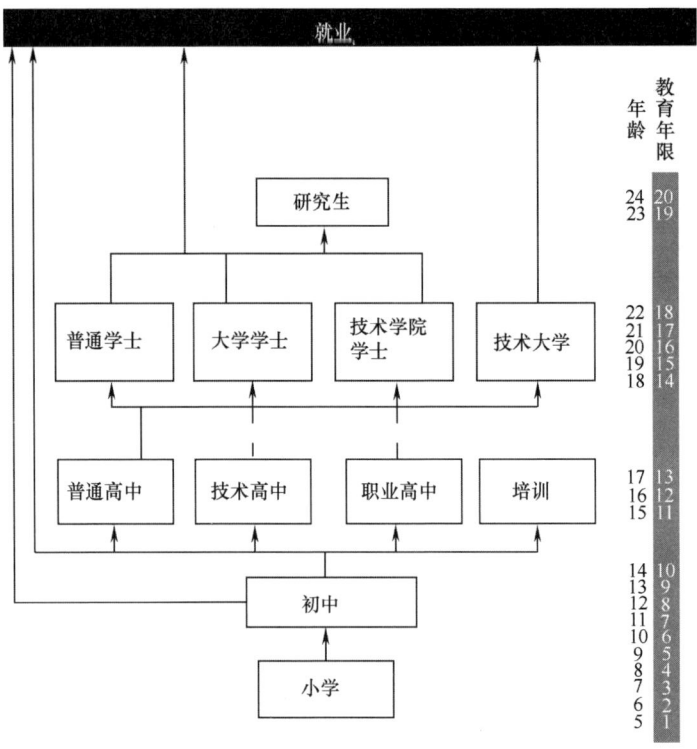

图39 墨西哥的教育体系

表35 1992—1993年不同性质的高中和高等教育的学生注册数

	联邦	州	自治	私立
高中	37%	22%	18%	23%
高等教育	17%	13%	49%	21%

资料来源：OECD, 1996.

大学提供的对中学或附属中学实践的"认可"加剧了教育体系的分化。正如所预期的，附属中学中的私立学校比例更大。大学的市场是高度分化和日益私有化的。虽然无论是私立大学还是公立大学，学生质量都是千差万别的，但劳动力市场更倾向于私立机构，而国家对公立大学的社会科学学科的支持力度依然很大。

第四章 美　洲

三、初次职业教育

墨西哥的正规培训体系主要由高中和高等教育体系主导。初次职业教育由教育部（公共教育秘书处，SEP）负责，而劳动部对继续职业教育中的一些模块内容负责，包括失业人员培训和产业发展项目。但是，大部分的继续职业教育由公共教育秘书处管理，因为职业教育与培训机构隶属于它。

高中及高等教育的碎片化对继续职业教育有一定的影响，正规的教育与培训体系（如图39）可以进一步细分为初次职业教育，如图40所示。各种机构可以提供从技术教育到高等教育学位等不同层次的教育，包括博士学位；也有工业和手艺导向的培训，这些培训主要是基于不同的培训机构。

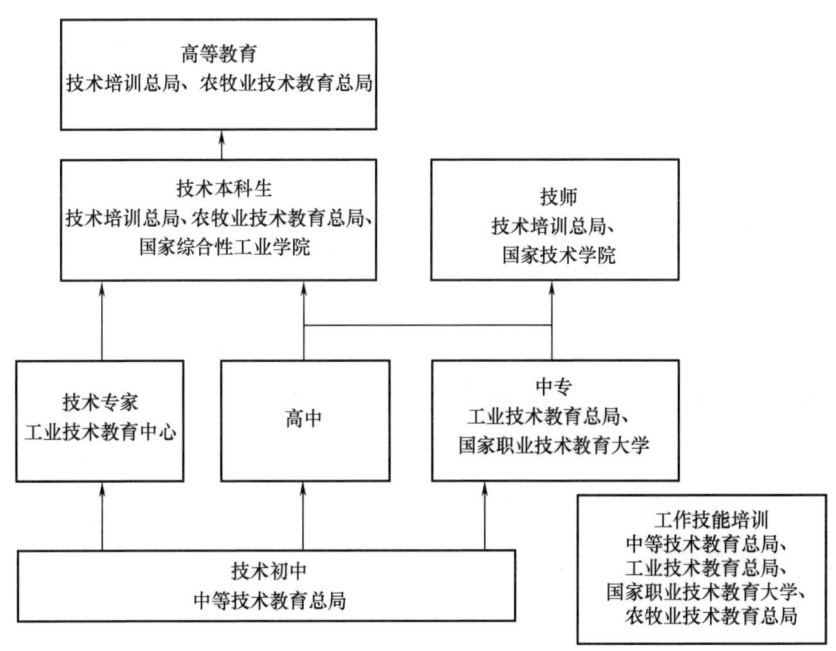

资料来源：SEP，1998.

图40　公共教育秘书处统管下的国家技术教育体系

图 40 只是显示了在国家技术教育体系（SNET）下负责职业教育的一些部门。这些部门根据职业教育的水平、是否在学校体系内或针对行业培训和专门的行业领域进行划分。更为复杂的是，甚至创建了一个新的部门来管理体系中出现的新内容。所以中等技术教育总局（DGEST）负责初中水平的职业教育和初次工作技能培训。但是下列机构也有对初次工作技能培训的管理职责：基于工业导向的工业技术教育总局（DGETI），农业和畜牧业职业教育权威机构——农牧业技术教育总局（DGETA），以及最近成立的国家职业技术教育大学（CONALEP）。在高等教育层次上，机构延伸到工业技术教育中心（CETIS）、技术培训总局（DGIT）、国家综合性工业学院（IPN）和国家技术学院（ITE）。

所有这些部门和半自治机构等，均隶属于公共教育秘书处，位于国家体系中。一些初次职业教育还可以通过劳动秘书处下属的机构（社会保险和工作秘书处，STPS）提供，覆盖 196 个行业职业培训中心和地方的国家职业培训学院。

1997 年高中阶段的职业教育招生人数为 1 116 025 人，占所有中学招生人数的 42.12%。技术学院和技术大学的招生人数为 198 500 人，而高等教育整体招生人数为 1 727 500 人。

和法国一样，此体系是教育和公共供给的中央集权传统的典型产物，以供给导向为特征。有些奇怪的是，可能是由于引入学徒制的失败和缺乏产业导向的原因，墨西哥从来没有真正认真实行过基于工资培训税的拉丁美洲模型（法国使用过）。经合组织的一项研究（1996）道出了其中缘由，这个体系主要是用于逐级筛选学生进入高等教育。这也就解释了为什么技术项目却有强烈的学术味道的问题。

经合组织的批评得到了有些人（World Bank，1994c）的认同。该体系将导致：

（1）工作人员从事职业/技术教育与培训的准备不足。

（2）供给驱动的课程项目缺乏灵活性，难以满足不断变化的劳动力市场需求。

（3）培训质量参差不齐，缺乏衡量产出质量的客观措施。

（4）私人部门参与设计和提供培训的过程缺少适当的制度框架。

(Minowa, 1998, p. 12)

米诺（Minowa）还表示，职业教育系统要对墨西哥劳动生产率低下负部分责任，这也是受世界银行质疑的一个因素（1998）。此体系运行成本非常昂贵，提供者的灵活性和质量也存在明显问题。新创建的科学技术国家研究中心（CONALEP）（Land 和 Miranda，1998）和早已建立的机构（工业技术教育中心）的研究认为，毕业生就业形势不尽如人意。

公共教育秘书处介绍了一些改革策略，包括能力本位的方法。1996年，世界银行资助建立"现代化项目"，目的是在墨西哥引入能力本位的职业教育方法。该方法来源于澳大利亚的能力本位培训（CBT）方法，并因此建立了国家机构——国家职业技术资格认定中心（CONACER），负责开发符合产业标准的国家"标准"（能力标准）、国家评价（评估）体系和认证。"标准"的范围比较大，包括一个单一的标准，一个全套课程，甚至资格构成的本身。由于墨西哥职业教育是分割的、碎片化的，制定标准要尽量覆盖方方面面，最好构建起一套系统化的资格证书体系。不出所料，在公共教育秘书处和科学技术国家研究中心内部，有关职业教育与培训的某些权力关系变得紧张；而在劳工秘书处（SNET）内部，这种紧张关系并不明显。

能力本位的新体系能否给墨西哥职业教育带来更大的连贯性（coherence）仍未可知。部分阻力很可能会持续，并且评估结论已经对标准、评估、认证和制度实践之间的连贯性提出疑虑（World Bank，1998b）。墨西哥的改革远远落后于澳大利亚，更比不上智利。行业领导力有限，因为咨询公司已经开发了大部分的规范，体制性阻力又很强，很难再建立更加开放的培训市场,更不用去想一个相对保守的公共教育秘书处能为发展私人培训市场提供资金。尽管自由化和私有化在其他领域已发展一段时间,但是教育仍保留了强大的公共承诺和政治文化,一个活跃的政治和公民社会氛围冲淡了经济需求的导向地位。

初次职业教育的私人市场在正规教育体系中是相当弱小的。不难判断,私立学校系统对于学术方向带有偏好。另外,初等职业教育的私人市场生命力更顽强,但它存在明显的质量标准问题。这些趋势充分显示在表36、表37中。

表36 1992年不同性质高中的学生注册数

	联邦	州	独立（自治）	私立
高中	37%	22%	18%	23%

资料来源:World Bank,1996.

表37 1992年职业教育的学生注册数

	联邦（劳工秘书处）(%)	联邦（其他）(%)	州(%)	自治(%)	私立(%)
初等职业教育	23.8	1.8	9.7	—	64.7
职业教育	52.3	9.4	23.5	21.5	22.6
技术教育	23.0	9.4	23.5	21.5	22.6

资料来源:World Bank,1996.

工作技能培训或初级的职业教育是在公共部门中,主要通过联邦管辖的行业职业培训中心(CECATIs)实施。但是,大部分的供给仍来自于私人机构。行业职业培训中心成立于1979年,是公共教育秘书处管理体系内作为科学技术国家研究中心的补充的半自治部门。它们的学院提供为期三年的高中教育、职前技术教育和职业培训。这些院校在尝试变得更加注重产业导向，更加注重学生的动手能力，它们招聘来自行业的教师，最近还做出了权力下放的决定。其260个培训中心现在成为墨西哥技术培训体系的标志性旗帜。尽管如此，它的教学成果并不尽如人意，只有38%的学生顺利毕业。

在墨西哥参加初次职业教育学习职业技术的学生数量很少，但是比澳大利亚和英国还是要多一些，如表38所示。

表38 墨西哥和部分经合组织国家中接受职业教育的学生比例

	普通教育（%）	技术与职业教育（%）
墨西哥	59	41
英国	80	20
澳大利亚	72	28
法国	46	54
德国	20	80

资料来源：OECD，1996.

这些数据带有一定的误导性，因为如果继续从事技术学习的学生没有划归到职业教育，那么职业教育的学生比例会更低（表39）。

表39 1997年接受技能培训与技术教育的学生数

	工作技能培训（人）	高中（人）	技术高等学校（人）
公立	1 251 999	197 721	667 965
其他（包括州）	8 844	41 476	1 134 430
私立	373 601	92 803	419 944

资料来源：SEP，1998.

因此，墨西哥初次职业教育以劳动力市场为导向的课程中，青年参加学习的百分比非常低。私营机构在市场占主导地位，它们的招生中可能成年人占很大比例。私立学校在中等职业教育和技术类高等学校领域力量薄弱。这样看来，一旦职业教育转向更多的理论学习，私营教育机构就会离开，并将注意力集中在职业培训或主流学术研究。

墨西哥没有学徒传统，只是在关于职业教育改革的讨论中出现过一些建立学徒制度的想法，但当前在这种以教育提供者为主导的体系中似乎不太可能发生。劳动秘书处对职业教育的实施方法比公共教育秘书处更加灵活。但是因为预算有限，它的项目只面对失业工人和企业发展。公共教育秘书处的很多课程涉及"田野调查"（field work），这个概念甚至比法国的工学交替式培训更严谨。在很大程度上，正在开发的基于规范的教育路径忽略了基于工作的学习理念。

四、继续职业教育

如上所述，教育部（公共教育秘书处）而不是劳动秘书处，是墨西哥大部分正规的或基于提供者的继续职业教育的管理部门。大多数培训是由培训中心或者分散的培训中心提供的。看来要从公共培训机构获得企业需求的培训，可能性非常低，1996—1997 年共有不到 200 000 名学员，这些学员中接受在工作场所进行的培训的仅有不到 40 000 人（SEP，1998）。企业对于私人培训服务的需求可能更高。官方没有统计这个需求的数据，但可以从国家关于技术和教育报酬的调查中进行估计。

公共培训机构也有针对失业者开展的培训项目，1996—1997 年共有超过 150 000 名学员得到了"失业人员奖学金项目"（PROBECAT）的帮助。这个项目诞生于 1982 年，成为经济危机时保护流离失所者和失业工人的一种途径。它为工人提供一份薪金和一到六个月的再培训。该计划吸引了大量的关注，但其价值尚不清楚。它对于男性而言，短期净效益较差，但长期收益可观；但对女性而言，无论长期还是短期，净效益均为负值。

鉴于从公共培训体系获得的企业所需求的培训服务不足，一种以企业的能力标准为核心的现代化改革方案正在有效推进。其他值得提及的改革仅剩下采取各种办法向培训机构下放权力。这两套改革是否足以刺激公众的需求，还令人怀疑。私人培训机构通常将注意力放在办公和信息技术领域，没有人真正想去紧紧抓住私人培训市场这个概念。规范的体系应该赋予私营机构获得公众认可和资格证书的能力，但这是否足以巩固私人供给仍值得推敲。

"综合素质和现代化项目"（CIMO）是一项基本定位在私营培训市场的计划，它通过提供咨询和培训服务以及小额贷款来支持小企业发展。培训服务主要通过一个培训咨询网络提供，大部分是在职培训，并且是针对企业实际及其发展计划专门定制的。这项计划在国际上备受瞩目，并取得了良好效果。该计划主要面向小型企业，并将培训与企业的发展实时对接。一个可喜的成果是，面向特定企业和特定需要的培训咨询网络获得了发展。然而，该计划似乎对那些非正规部门不具有适用性。

这样看来，墨西哥基于企业的培训很少。1994年只有15.8%的制造企业为工人提供培训（Encusta Nacional de Empleo, Salarios, Tecnologia y Educacion, 1994）。公共培训机构很少派上用场（如图41所示），但公司的外部代理机构却被大量使用，而且大量基于企业的培训是由工人发起的。可以预料，大型企业比小型企业更倾向于提供继续职业教育，而且男性员工比女性员工更容易获得培训（54.2%比45.8%），接受培训的人大多集中在25~34岁年龄段。文化程度高的员工更容易获得培训机会，这与大多数国家的情况一致。

五、方向和问题

墨西哥对基于标准（能力）的培训发展寄予厚望。这种希望基于一个

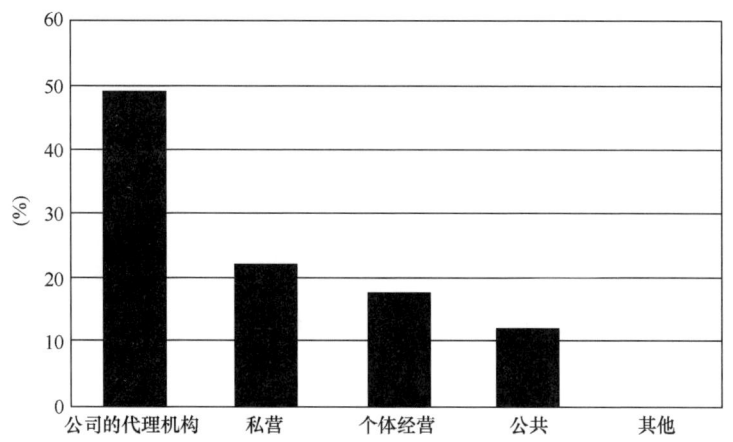

资料来源：Encusta Nacional de Empleo，Salarios，Tecnologia y Educacion，1994；1997.

图41　外部培训部门的主要类型

假设，即认为这种体系将有助于改变供给导向，改变培训供给方的定位，解决职业教育与培训质量差、效率低以及与企业无关的难题。它还假定"标准"可以为私人培训市场和企业培训认证提供一个框架。

上述希望看起来雄心勃勃。这些"标准"有广泛的基础，避免了泛化（atomisation）和简化（reductionism）问题，而且，墨西哥很可能学习了澳大利亚的经验，引进了相关课程。但是，这些发展措施并没有针对性地刺激培训需求或鼓励私人培训机构。国家资金将继续流向竞争中的公共教育秘书处。墨西哥成功地避免了拉美模式的工资税及附加税形式，但中央集权体制往往会忽略需求方，而且认为，"标准"体系可以在供给和需求之间建立联系的假设难以成立。

最初的投资能力本位教育（CBT），是想参照英国国家职业资格和加拿大的一部分做法。最近向澳大利亚模式的转向似乎更为适当。广义的"标准"和澳大利亚的培训包类似，但范围更广，允许"标准"在公共教育秘书处和劳动秘书处所属不同部门的同一个产业领域的不同课程间穿梭，将来也有可能涵盖私人市场内的课程。国家职业技术资格认定中心（CONACER）也建立了一套评估体系，似乎是借鉴澳大利亚的认证框架。认证代理机构需要在国家职业技术资格认定中心注册，这些机构以及组织和个人都可以注册为"评估者"。它允许课程获得双重认证：代理机构的认证（如国家职业技术教育大学、工业技术教育总局等）以及国家职业技术资格认定中心的认证。同时也允许工人在认证课程之外，通过评估者和评估代理处的审核获得国家职业技术资格认定中心认证。

该模式虽具有明显的优点，但是它提出了一个问题：为什么机构和学校、企业和个人将投资于这样的体系？有一些机构就拒绝参与试点。国家职业技术资格认定中心认证的影响和应用前景仍然未知。如果说该体系可以刺激需求、鼓励私人培训供给，也只是假设而非实际。

墨西哥的案例证明了采用其他国家的路径解决自己国家的问题存在着一定局限性。这也说明需要考虑职业教育的各个方面：初次职业教育和继续职业教育，以及需求和供给之间的关系。墨西哥改革是想通过建立一个源自企业的能力和认证框架改革基于提供者的培训体系，这种努力是值得的。但正如经合组织代表团（1996）所提出的，职业教育历来是选择性的大学体系的残留部分和过滤的结果，在许多国家都是如此。因此，职业教育的需求导向本质上是分层次的，这比那些基于能力和技能的层次更明显，又被并不是基于职业的劳动力市场所强化。所以，尝试加强职业教育的技能方向不太可能刺激需求，特别是在没有其他刺激需求导向措施的情况下。非正规部门的存在和小企业的成长，只是增加了对这些"进口"改革的有效性的疑虑①。

---

① 引进的改革措施在科学技术国家研究中心（CONALEP）最近的项目中得到了证明。29个行业领域的课程资料开发已经吸引了悉尼科技大学的兴趣（personal correspondence, Anna Sant, World bank, Mexico City, 25 February, 2000）。

第三节 美　　国

一、经济

1997年以来，美国的经济增长速度维持在4%以上，2000年的增长率预计将达到5.2%。经济的高速增长带来了失业率的降低（1994—1997为：4.9%）和国际竞争力水平的提高（图42）。

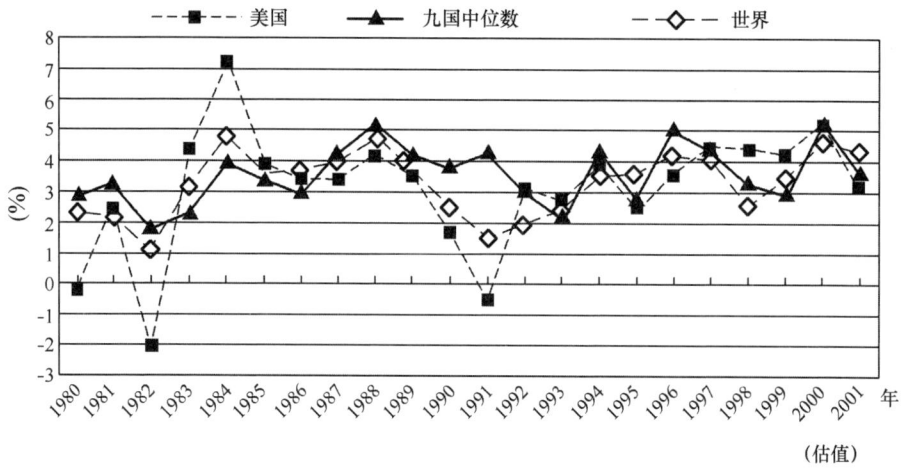

资料来源：IMF，World Economic Outlook Database，2000.

图42　1980—2001年国内生产总值增长率

美国的经济变化显而易见，服务业的就业增长十分迅猛。1945年的服务业就业在非农业就业中占10%，而制造业占38%。据美国劳动统计局预计，1996—2006年所有新的就业岗位几乎都将来自服务生产部门（Franklin，2000）。

此外，预计这一时期超过一半的新工作将需要高中以上的学历，1/3需要学士及以上的学位（Johnston和Packer，1987）。预计增长率最高的前

10个职业将对教育和职业培训有更高的要求（8个职业要求学士学位或中长期在职培训）。这些工作除了基本的读写能力要求之外，将需要更多的批判性思维技巧和个人对工作的胜任力。

美国的经济逐渐从制造型转向以服务业为基础，这种转变趋势有利于那些拥有适当的技能的人，他们可以更好地满足市场需求。在过去的几十年中，不同教育水平之间的收入差距在增加，那些工作不涉及概念创造的人的收入没有实际提升。这些差距比其他发达国家更为显著。1970年，拥有学士或更高学位的工作者的收入比高中学历的高68%。1995年，收入高出91%（US Department of Education，1997）（表40至表42）。

表40 经济和教育指标

	美国	九国中位数
人口（1999）[1]	27 290万	—
人均GDP（美元）（1999）[2]	34 091美元	24 751美元
GDP年均增长率（1990—1999）[1]	3.4%	2.7%
失业率（1994—1997）[3]	4.9%	4.9%
15~19岁的青年失业率（1998）[4]	15.2%	15.2%
劳动力的年均增长率（1990—1999）[1]	1.2%	1.2%
公共教育支出占GNP的比例（1997）[1]	5.4%	4.8%
中等教育的学生净注册率（1997）[3]	96.0%	92.0%
受教育年限（1998）*[4]	16.8年	16.6年

*：包含所有的教育阶段，5岁以下的幼儿教育除外。

资料来源：（1）World Development Report，2000/2001；（2）IMF World Economic Outlook Sept，2000；（3）World Development Indicators，2000；（4）OECD Database.

表 41　1996 年和 2006 年（估计）各职业人数分布

	1996 年 （千个岗位）	2006 年 （千个岗位）	变化 （%）
所有的职业	132 353	150 927	14.0
管理	13 542	15 866	17.2
专家	18 173	22 998	26.6
技术员及相关支持	4 618	5 558	20.4
市场营销	14 633	16 897	15.5
行政支持	24 019	25 825	7.5
服务	21 294	25 147	18.1
农业、林业、渔业等相关职业	3 785	3 823	1.0
精密制造、工艺、修理	14 446	15 448	6.9
操作工、制作者、工人	17 843	19 365	8.5

资料来源：G Silvestri, Occupational employment projections to 2006, Monthly labor review, Bureau of Labor Statistics, Office of Employment Projections, Nov. 1997.

表 42　1996 年和 2006 年（估计）增长最快的十大职业

职业	就业		变化		平均工资的 四分位排名	教育与 培训类别
	1996 年 （千个岗位）	2006 年 （千个岗位）	岗位 变化	比例		
所有职业	132 353	150 927	18 574	14	—	
1996—2006 年增长最快的十大职业：						
数据库、管理人员、电脑专家、电脑科学家	212	461	249	117	1	本科学历

第四章 美　　洲

续表

职业	就业		变化		平均工资的四分位排名	教育与培训类别
	1996年（千个岗位）	2006年（千个岗位）	岗位变化	比例		
电脑工程师	216	451	235	109	1	本科学历
系统分析师	506	1 025	520	103	1	本科学历
个人和家庭护理员	202	374	171	85	4	短期在职培训
物理矫正治疗师	84	151	66	79	4	中期在职培训
家庭健康护理员	495	873	378	76	4	短期在职培训
医务助理	225	391	166	74	3	中期在职培训
桌面出版专家	30	53	22	74	2	长期在职培训
外科治疗师	115	196	81	71	1	本科学历
职业治疗助理	16	26	11	69	3	中期在职培训
合计	2 101	4 001	1 899	90	—	
工作份额（5）	1.6	2.7	10.2	—	—	

资料来源：G Silvestri, Occupational employment projections to 2006, Monthly labor review, Bureau of Labor Statistics, Office of Employment Projections, Nov. 1997.

其他的研究已经证明，提高教育水平可以带来劳动市场上的正收益。随着教育程度的提高，就业和劳动力参与率也相应提高。1996年，高中学历以下的成年人就业率是39%，本科及以上学历的人就业率达80%。同样地，高中学历以下的成年人中有56%没有就业，而本科学历以上的人中有19%的人没有就业（US Department of Commerce, 1996）。此外，1996年，随着职位对教育和培训要求的增加，全职工人的平均周薪也得到了提高（见表43）。

表 43　1996 年不同教育与培训类型的就业和平均周薪

	岗位数量（千个）	分布比例（%）	全日制员工的平均周薪（美元）
所有职业	132 353	100.0	483
第一个职业学位	1 707	1.3	1 057
博士学位	1 016	0.8	847
硕士学位	1 371	1.0	682
工作经验+学士学位及以上	8 971	6.8	786
学士学位	15 821	12.0	686
副学士学位	4 122	3.1	639
中等后职业培训	8 091	6.1	444
相关职业的工作经验	9 966	7.5	534
长期的在职培训	12 373	9.3	490
中期的在职培训	16 792	12.7	434
短期的在职培训	52 125	39.4	337

注：数据采用了四舍五入取整的方法。

资料来源：G Silvestri, Occupational employment projections to 2006, Monthly labor review, Bureau of Labor Statistics, Office of Employment Projections, Nov. 1997.

与提高受教育程度相一致，最近的职业教育改革也在强调提高学术准备和继续深造。除了更多的学校教育之外，对职业教育的研究证明，还存在其他有利于更好的就业和收入的因素：

- 找到与所学职业领域匹配的工作（与工作无关的领域相对比）。
- 关注高中学习中的职业领域课程。
- 完成高中职业课程获取学位或证书。
- 接受高中的商务和健康领域的培训（对女性），或高等的健康和技术领域的培训（对男性和女性）。

- 在公认的高中教育机构完成职业学习（与一个生涯学院相对比）。

从这些呈现在劳动力市场以及教育和就业成果中的发展趋势可以看出，美国职业教育的地位日渐提升。

二、教育体系

在美国这样一个典型的自由市场经济体内，学校教育是公共系统中一个突出的例外。公共系统主要是基于政府，与健康、运输和其他以私营为主的公共事业形成鲜明的对比。金（King，1976）认为，这是由于国家的建设需要各州的团结而逐步形成的，他的观点支持了格林（Green，1990）的比较分析。

然而，公立学校体系与私立的高等教育体系以及相对薄弱的职业教育体系仍存在明显差异。学徒制也几乎不存在（Gospel，1995），那些仅存的学徒主要是成年人。

美国的教育参与率非常高，在经合组织的所有国家中位居第一。学生在高等教育上的平均支出几乎是九国中位数的两倍（表44）。普通高中毕业证书标志着高中学校教育的结束，大学的入学考试使用的是一个独立的学术能力倾向测试（SAT）。美国的职业教育与培训主要限于边缘技术学校，但最近在社区学院内兴起了为期两年的职业教育项目。技术类的学校、学院或大学多是私立的，主要提供贸易方面的课程（图43）。

表44 1997年各级各类教育中学生的人均支出

	美国（美元）	九国中位数（美元）*	经合组织国家中位数（美元）
幼儿教育	6 158	3 603（7）	3 463
小学教育	5 718	3 470（7）	3 851
初中教育	—	3 983（5）	4 791

续表

	美国（美元）	九国中位数（美元）*	经合组织国家中位数（美元）
高中教育	—	5 492（5）	5 790
所有中等教育	7 230	4 927（7）	5 274
中等后非高等教育	—	8 001（2）	5 337
高等教育	17 466	9 390（7）	8 612

*：九国中位数并非包含所有国家的数据，括号内的数字表示可获得数据的国家数目。
资料来源：OECD Education Database, table B4.1.

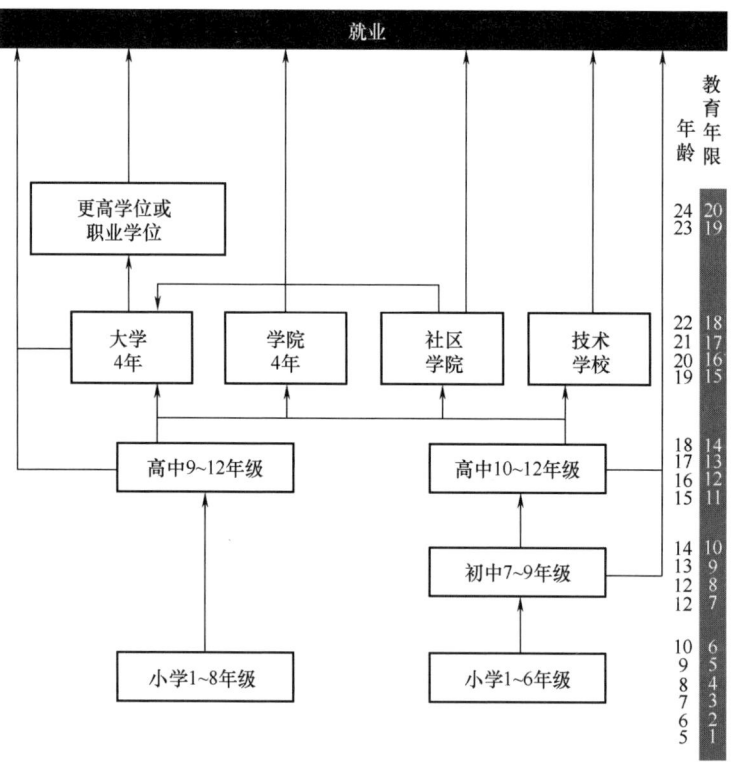

图 43 美国的教育体系

三、初次职业教育

（一）谁是职业教育的学生？

在美国，大多数学生不参加专门的职业教育学习，因此，职业教育人群很难描述。事实上，没有简单的方法来确定谁是不是一个学习职业教育的学生。不过对于分析这部分群体而言，给出一个恰当的定义是非常必要的。

（二）中等职业教育

职业教育主要由三种公立高中提供。"综合高中"是美国传统的中等教育机构。这些学校提供全方位的学术和职业课程。一些州拥有"地区职业学校"（area vocational school），允许学生一天中的部分时间来这里参加职业学习，再返回综合学校接受学术教育。还有几个州设立了全日制职业高中，既提供学术教育也提供各种职业项目。在这些教学设置中，职业班的学生有三种基本的课程选择：特定的劳动力市场准备（如农业、商业、卫生保健），家庭和消费者科学教育（原名"家政"），通用的劳动力市场准备（包括文字处理、工艺美术等基本技能发展）。

除了全日制职业高中要求学生必须完成职业课程的学习外，大多数高中生会按照自己的意愿尽可能多地接触不同的职业课程。事实上，大多数的公立高中毕业生会修得多个职业教育的卡耐基学分（Carnegie unit）[①]，超过一半的学生会选修三门课程或长达一年的职业课程。1994年，公立高中有97%的学生至少选修一门职业教育课程，91%参加了至少一门特定的职业课程。

鉴于公立高中生普遍选修职业课程，显然不能把他们都归于职业教育范畴。由于美国公立中学中没有职业学生的正式定义，任何用于定义"职业学生"和"职业完成者"的特定标准都略显武断。然而，为了分析美国的职业教育，还必须从中找出相对具有职业教育属性的学生群体，可行的

---

① 1卡耐基学分等效于学生在一年内完成一门课程学习获得的学分。

办法恐怕只有按照一系列相关职业课程的完成情况进行划分。以下是常用来描述职业教育与培训人群的两个定义：

- 职业主攻者（vocational concentrator）：在一个独立的职业项目领域中完成3.0及以上卡耐基学分的公立高中毕业生。
- 职业专家（vocational specialist）：在一个职业领域完成4.0及以上的卡耐基学分，或在入门级以上水平完成2.0及以上卡耐基学分的公立高中毕业生。

在这份报告中，高中教育水平分析主要关注那些职业教育的"完成者"，他们在获得高中毕业证书之前，至少完成了一个"主攻者"水平的学习。

（三）高等职业教育

历史上，联邦立法规定在高等教育水平上，职业教育的学位低于学士学位。从这层意义上讲，高等水平的职业教育通常包括副学士学位和副学士学位证书课程。四年和少于四年学制的高等教育院校都为学生提供职业教育的副学士学位。四年制的公立院校和两年制公共机构（通常称为社区学院）均提供职业教育。四年制的院校可以提供学士或硕士学位，而两年制的院校最多只能提供副学士学位或证书。

高等教育的学生参加职业教育的程度不同，目的也不尽相同。有的学生把特定的课程学习作为一个目标（如护理）。其他的学生可能只是为了学分，并没有获得学位或证书的打算。同时，越来越多的学生拥有短期目标，如获得额外的培训或提高他们的工作技能，根本没有完成学位的目标。

美国高中和高等教育中的职业教育机构之间的关系非常复杂，而学生不同的学习目的和意图是其中的一个重要因素。一个正在进行的关于"谁是职业教育的学生"的争论使得美国职业教育的体系很难与其他国家进行比较，因为其他国家的职业教育制度和各构成部分都十分清晰。美国职业教育的定义更多的是与学生行为密切关联，而不是体现在其他的制度性特点上。

（四）职业教育和学校改革

20世纪90年代，为了让学生更好地应对竞争日益激烈的技能市场，公立中学实施了各种改革措施。主要的策略包括：

• 学术与职业课程整合：过去学术、职业或生涯指导课程通常是分开提供，现在改用一种强调学科联系的方式传授。

• 技术准备项目（tech prep program）：在高中教育或高等教育水平上提供至少连续四年的课程，为学生的技术生涯做好准备。技术准备的目的是提高学生的学术能力，并为他们的职业领域提供广泛的技术准备。学术和职业课程整合，可能会同时促进学术和职业课程的招生。

• 区段排课（block scheduling）：传统的上课时间每天分为六七节课，每节课持续45~55分钟。区段的课程可能会有两节或多节连续的课排在一起，这有利于给予学生更多的时间在实验室或项目中心学习，或进行实地考察或基于工作的学习。

• 职业专业（career major）：一系列的课程或研究领域，融合了学术和职业课程的学习，使学生为第一份工作做好准备；它们为学生在广泛的职业群（occupational cluster）或产业领域内就业做好准备；包括至少两年的高中教育，至少一年或两年的高等教育；学生可能会继续参加教育和培训，如进入学徒制项目，或进入一个两年制或四年制的高等教育院校。

• 技能标准（skill standard）：工作场所必需的知识和能力说明书。技能标准的范围包括从一般的工作技能到一个行业的核心技能和知识，从通用的技能到一个职业群和特定职业的技能。标准可能包括基本的和先进的学术能力、就业能力、技术能力。标准的开发是为了确保学生和就业者的技能符合市场的要求。

• 技能证书（skill certificate）：通用、业界认可的证书，证明持有者具备与职业群相关的核心能力和绩效标准。

最近的调查显示，在所有的公立中学中，有45%实行了课程整合，近50%提供技术准备项目，39%实行区段排课，约20%提供职业专业，28%拥有技能标准，20%颁发技能证书，20%颁发职业证书（US Department of

Labor，1996—1997）。

在教学实践变化中，真正令人感兴趣的是学生在学校学习期间提升了哪些实际工作经验。学生在上课时间以外可以兼职，除此之外，许多学校还提供了基于工作的学习机会，如合作教育、工作观摩、实习和辅导（48%提供合作教育，43%提供工作观摩，25%提供实习，25%提供辅导）（US Department of Labor，1996—1997）。这些措施试图给予学生一个更广阔的视角，让他们看到学校是如何与工作场所相联系的。它们不仅仅日益出现在中学课程中，还得到了国家立法的推动，如《从学校到工作的机会法案（1994）》(Public Law，1994)。

美国各州都在普遍提高对中学生的学术要求。上述职业教育领域的发展无不体现出教育工作者在提高职业课程影响力方面的艰苦努力，职业教育努力争取有朝一日能与学术教育并肩而行。

（五）美国职业教育的经费来源

美国政府通过《珀金斯法案》为国家的教育机构提供经费，用以支持职业教育。大约10亿美元被分配给各州和地区，平均每州得到1 900万美元。资金的分配根据一定的方案进行。国家教育机构根据《帕金斯法案》中规定的一项基本补助金原则向地方教育机构拨款。资金覆盖高中教育、高等教育、成人职业技术教育和广泛的教育项目，有一部分资金用于特定群体，如残疾人和成人的培训。据联邦政府估计，《珀金斯法案》提供的资金大约占到国家财政在职业教育总支出的10%。

（六）高中职业教育的参与度[①]

随着工作场所的变化以及美国教育改革越来越强调学术性能力建设，

---

① 国家层面有5个数据来源，它们可共同帮助描述职业教育的参与度，分别是：关于1982年高中毕业生的一项研究："高中"（High school and beyond）；1990年和1994年的"高中学习成绩研究"（the High School Transcript Studies）；描述1992年高中毕业生的"青年的全国纵向研究（1988）"（the National educational longitudinal study of 1988）；研究12年级毕业生的"青年的全国纵向研究（1997）"（the National longitudinal study of youth of 1997）；1991年和1994年研究教师特征的"学校和人员配置研究"（Schools and staffing surveys）。这些数据由美国教育部的国家教育统计中心收集，"青年的全国纵向研究"是由美国劳工部的劳动统计局搜集整理的。

目前，职业教育课程的学生参与度出现了一个显著的变化。1982—1994年，参与职业教育的学生出现了普遍的下滑。公立高中选修职业课程的学生数量略有下降，但完成一系列的相关职业课程的学生出现大幅度下滑。这些下降趋势可能是由于中学的学术课程的毕业要求发生了变化，学生被要求选修更多的学术课程，于是职业课程减少。美国教育部和劳工部进行了一系列的调查，总结出在过去20年学生参与职业教育的趋向。大体的发展趋向如下：

- 公立高中的毕业生需要完成的课程，从1982年的21.6学分增至24.2学分，增加了12%。学术学分的占比提高了23%。职业教育课程的学分占比从1982年的22%下降到1994年的16%。
- 毕业生在一个单独的职业教育项目中选修三门或更多课程（职业主攻者）的比例从1982年的34%下降到1994年的25%。
- 毕业生在一个单独的职业教育项目中选修四门或更多课程（职业专家）的比例从1982年的13%下降到1994年的7%。
- 伴随着对学术课程重视程度的逐渐加强，1982—1994年，职业教育的学生也增加了所有核心学术课程（英语、数学、科学、社会研究）的比例。职业主攻者也提高了他们在数学、科学、社会研究课程中学术作业的严谨性，此时比20世纪80年代的课程要求更高，也更为先进（表45）。

表45 高中毕业生中选修职业课程达3学分及以上的比例

职业完成者	1982年（%）	1990年（%）	1994年（%）
3学分及以上	33.7	27.8	25.4
4学分及以上	12.6	7.7	7.0

资料来源：US Department of Education, 1994.

（七）高中之外的职业教育

高等教育的入学人数在美国高中毕业生中占有绝对的优势。经济的变化使高等教育也成为许多职业学生的目标。大多数高中职业技术教育的学生曾经将高中教育学历作为终点，如今他们通常会把进修作为一个明确的目标。事实上，和其他高中毕业生一样，"职业主攻者"更加倾向于进入高等教育。1992年，从公立高中毕业后的两年内，约3/4的毕业生会继续进入高等教育院校。1982年，42%的"职业主攻者"进入高等教育院校；而1992年，有58%的毕业生进入高等教育院校。在1992年参加高等教育的学生中，"职业主攻者"更愿意参加两年制的社区学院（相对于一个四年制的高等教育院校），而不是成为大学预科学生（前者和后者为49%比17%）。

这些趋势无疑强化了两年制的社区学院在职业教育中的作用。社区学院主要以传授职业技术课程为主。在1990年和1996年，如果不考虑高中课程，所有已报专业领域的副学士学位的学生中，约70%的人主修职业课程。有趣的是，1996年，年龄大的学生比年龄小的学生更可能选择职业教育专业，20岁及以下选择职业教育专业的学生约占61%，30岁及以上做此选择的人占到75%。这表明，年龄较大的学生倾向于进入大专或接受再培训或补充培训，这是社区学院及其消费群体角色演变的一个重要趋势。

最受欢迎的副学士学位专业是在商业、卫生和技术领域。此外，商业、卫生、贸易和工业、防护服务、计算机/数据处理、工程学/科学技术等专业存在着明显的性别差异。商业和卫生领域主要以女性为主，剩下的则是男性占主导地位。其中，20%的学生报了职业专业中的商业，15%选择卫生专业，16%的人接受技术教育（包括计算机、数据处理、工程学、防护服务）。性别差异在工程学/科学技术领域中尤其显著，1996年的男女学生比例为7∶1（表46及表47）。

表46　1992年的高中毕业生毕业两年后所在各高等教育机构人数比例

学生分类	学生注册状态（%）		注册的机构类型（%）					
	未注册	注册	公立4年	非营利性私立4年	公立4年	非营利性私立2年	公立职业技术	营利性私立
合计	25.7	74.3	41.0	17.5	35.5	0.4	1.4	4.3
学院预科	6.5	93.6	53.8	26.7	17.3	0	1.0	1.1
职业主攻者合计	42.6	57.5	31.4	8.6	49.3	1.1	2.0	7.6
职业主攻者	48.2	51.8	23.7	6.5	57.0	1.3	1.9	9.6
职业主攻者和学院预科	10.1	89.9	57.1	15.5	23.7	0.3	2.2	1.1
其他/普通	29.7	70.3	33.5	13.0	46.1	0.3	1.4	5.7

资料来源：US Department of Education，1994.

表47　1989—1990年和1995—1996年间副学士学位在职业教育主要专业的分布比例

	所有专业（%）	农业（%）	商业和政府机关（%）	销售和配发（%）	卫生（%）	家庭经济（%）
1989—1990年	54.3	0.4	17.1	1.1	10.6	2.2
1995—1996年	49.3	0.7	14.1	0.5	10.9	1.8

技术教育	合计（%）	防护服务（%）	计算机和数据处理（%）	工程学和科学技术（%）	贸易和工业（%）	其他（%）
1989—1990年	14.3	2.2	3.8	8.3	2.5	6.1
1995—1996年	11.6	2.8	2.7	6.1	3.1	6.6

资料来源：US Department of Education，1989–1995.

（八）中等及高等职业教育学生的就业表现

美国对职业教育的劳动力市场结果做过大量研究。然而，研究得出：高等教育毕业后，也就是进入高等教育后的四年，职业专业和学术专业学生之间的就业可能性没有差别。

1990年开始高等教育学习的人，1994年毕业，80%的人享有一份工作。无论是职业学校还是学术类学校的学生，就业可能性没有任何差别。随着就业对技能的要求越来越高，许多职业教育的学者认为，对于一个接受了高中教育学生而言，继续在高等教育水平上进行培训是最重要的生涯成果。即便如此，1992年的公立高中毕业生中，大约有75%的人在高中毕业后的两年进入职场。"职业主攻者"可能会在毕业后两年进入劳动力市场，比大学预科或普通课程的毕业生进入职场的比例略高（分别是83%，63%和79%）。

1992年的"职业主攻者"毕业生在两年后进入职场，各职业领域的失业比率有所不同。技术和通信、农业、贸易和工业的学生失业率比市场营销、卫生保健、家庭经济和商业要高。

如上所述，工作性质的不断变化给高等教育学生的毕业造成了一定的影响。就1990年入学的学生数据来看，相对来讲，学术专业比职业专业的学生在四年后拿到毕业证书的可能性更大。

1990年开始高等教育阶段学习的学生中，到1994年毕业年份只有少量比例（14%）的学生参加了职业许可证考试。最常见的考试领域是教育和医疗（不同于护理）。获取职业许可证对于处在高等教育水平的美国职业教育学生而言，还是相当困难的。

四、继续职业教育

继续职业教育在美国基本上是非正规的或私人的事情。个人对继续教育的投资非常重视，而国家的投资很小，行业投资也非常低并且不持续。

继续职业教育是非正式和半正式的在职培训的结合,采用包括社区学院在内的教育和培训机构的课程。

美国公司 1990 年在培训方面的投资估计在 40 亿到 50 亿美元之间（Reich，1995）。一些州会为公司培训提供补贴。

国家从来没有对劳动力市场项目有过大量投资,相反,更依赖于劳动力的流动（比欧洲高）、极其多样化的经济和高度开放的劳动力市场。正如表 20 所示,美国的收入差距非常大。虽然这些差异可能会对社会产生重大甚至是有害的影响,包括犯罪,但是它们确实有助于维持低失业率。就业也受到外来移民的驱动。然而,在克林顿政府执政期间,与就业相关的培训投资,包括就业补贴和工作福利等都得到了提高。

政府也支持成人基础教育项目,进而产生了与高中毕业文凭相当的普通同等学历证书（General Equivalency Diploma）。社区学院也支持成人教育和继续职业教育,学院中 2/3 的学生主修职业课程。其他形式的培训项目包括求职帮助、创业援助、就业奖金以及为失业人员提供的培训计划。

五、学徒制

美国大约仅有 300 000 名学徒,约 15% 的人曾服兵役,新注册学徒中只有 14% 的人在 21 岁以下（BAT,1995）。学徒时长在 1 年到 6 年之间不等,完成后方可获得学徒结业证书。学徒形式包括在职和脱产培训,州政府只是通过学徒培训局（Bureau of Apprenticeship Training）提供有限的技术援助。

历史上,美国劳动力市场的特点：工会化程度低、劳动力的流动性高、依赖外来的技术劳动力和科学管理结构的大规模生产（Gospel,1995）,这些都不利于学徒制的发展。所以它从未被视为"入门级"培训,和澳大利亚的情况一样,它主要作为自愿体系存在于工会部门。

六、方向和问题

很明显，随着教育工作者紧跟就业市场提出的学术与技能需求，美国的职业教育的概貌不断变化。可以肯定的是，未来的职业教育将不同以往。职业与技术教育新的方向将包括如下元素：

依附于学校改革和高学术标准：美国教育工作者强调严格的学术标准，因此职业教育也必须跟上步调。在过去，参加职业教育的大多是学术水平低的学生，职业教育性质的改变使得其独立于学校改革的大环境之外，但是这样的情况将不复存在。近年来，大部分州和协会制定了不少高质量的学术标准，而那些能够对此起到补充作用的职业教育在未来将会取得成功。职业教育和普通高校、大学预科一样，都需要达到国家和州制定的标准。这意味着，所有的中学生都需要在英语、语言艺术、数学、科学、历史和社会科学方面有坚实的基础，从而使他们能够为高等教育、工作以及在职进修等做好准备。

一条路有多种选择：职业教育特别是高中职业教育，一直被视为终极培训，以后将不再如此。随着劳动力市场的变化，很多职业岗位工作者都需要定期更新自己的技能，美国"新职业主义"（new vocationalism）理念就为学生拓宽就业和挖掘职业潜力奠定了思想基础，职业教育需要放弃提供单一就业道路的思路，围绕广泛的行业中的专业分类和各组织的项目计划开展学术和技术研究，为学生提供学以致用的机会。这同样适用于高等教育，特别是社区学院。培训的目的并不是在一个狭窄的知识基础上做出不可逆的或最终的职业选择。

理论与实际工作经历对接，让学生运用知识，批判性思维，解决实际问题：新兴课程的趋势应该是指导学生解决问题、分析问题，并参与高难度且包含工作场所高技能的任务。教师不仅要传播知识，也要辅助学生探究。

这些新兴趋势绝不只是出现在职业教育领域，它们同样是 21 世纪企业发展的方向。美国的职业教育正处在一个十字路口。一方面，职业教育必须大力改革，要向学术教育的改革力度看齐；另一方面，职业教育必须继续传授技能，以应对不断变化的工作场所日益复杂的需求。

第五章 总结与启示

本研究试图描述在全球经济变革的压力下，各个国家的职业教育与培训所选择的路径。所有的情况都离不开教育体系中的一个重要方面：政府。在这些体系中，政府起着资助、调控、管理、认证、购买和提供职业教育与培训等多方面的作用。与此同时，政府与利益相关者和提供培训服务的各种机构之间维持着不同的动态关系。正是这些变量之间的相互关系，构成了职业教育与培训体系。

比较研究在确定趋势时要非常谨慎。趋势受体系内所有不固定因素的影响：经济周期、政治事件、意识形态、经济发展的类型和阶段。比较研究难免受"时代划分"（periodisation）的影响，当前的时期对趋势和结论都有重大的作用。因此，它反映了经济体在经济周期内所处的不同阶段。本研究虽然受到近期的数据和文献可用性的限制，但一直努力追求实证研究。此外，经济体具有潜在的优势和劣势，而职业教育与培训政策可以局部地反映经济政策。无论如何，九个体系中存在一些显著的趋势。

共同趋势

● 政府都高度重视职业教育的重要作用。在经济全球化和普遍存在的失业问题，特别是青年失业问题的压力下，政府与行业/社会伙伴对职业教育的经济作用和社会作用都充满企盼。

● 职业教育与普通教育之间存在的主要是一种整合趋势。课程之间转移的障碍正在减少，但要使学生在较小的年龄就完成严格的职业教育分流，存在一定困难。这一趋势与现在提倡的终身学习理念相一致，同时也与国家和国际组织关于教育基础能对随后的行业技能构建起到重要作用的认识相一致。

- 全面的机构整合成为大多数体系的一个特点。职业教育与培训当局和教育主管部门已经统一。同时，机构的灵活性也越来越大。体系具有足够的灵活性以满足用户的需求，是几乎所有政府及其行业合作伙伴的目标。

- 利益相关者都意识到更广泛的认知开发、不同方面的软技能、核心竞争力和知识素养的重要性。但是，如何将这些技能融入培训课程，是许多国家面临的难题。

- 体系在减少和分散成本方面的压力巨大。职业教育与培训的潜在成本几乎是无限的，部分原因是因为它在市场中产生的较晚，政府更希望客户分摊费用。这个问题在初次职业教育中压力较小，因为一些国家将其纳入高中教育体系。在此情况下，企图向行业进行多元化融资就显得不太实际。

- 然而，向需求导向转变是职业教育与培训的最紧迫目标。几乎所有国家都存在需求不足的问题，政府为了增加需求实施各种策略。包括利用行业协会和行业领导力、监管和财政措施、基于能力的培训等课程改革和培训市场的其他元素。在大多数国家中，私营部门的回应非常有限，往往是高度部门化并集中在低资本产业领域。

- 职业教育与培训一直是教育和培训市场上的试验田。它对个人和企业的回报更为直接，资金多元化的压力助推了市场化道路的发展。然而，现在还不能下结论说有哪个国家已经"解决了"培训市场的问题。那些以前一直以职业教育需求很大而作为标杆的国家（德国、新加坡和日本）在20世纪90年代也面临着各自的局限性。这些局限中至少有一部分涉及文化特征上的陈旧过时，即便它们之前有利于形成培训文化或带动培训需求。这些过时的文化也部分地与结构因素如企业规模相关，但是更多的是与创新和适应新的技能的需求相连的。所有这些变化都可能对行业技能赖以存在的国家教育基础形成不小的冲击。不过，一些国家对培训市场的开发是很成功的，如英国和智利，但结果往往是偏向市场的更高技能领域。

- 有一种普遍的观点认为，职业教育与培训机构还没有聚焦于"客户"或企业，现在正在采取各种措施建立更加灵活、更有针对性和质量更好的教育与培训。可能大多数体系现在都认同以能力为基础的方法只是有限的手段之一，还需要采用其他需求导向的方法。国际证据表明，努力建立一个更强大的培训市场，常常导致部分公立教育机构采取更加市场化的行为。很多国家的公立机构发挥了更广泛的作用——社区供应商，因此，这些公立机构常常在公共性和市场化之间存在定位模糊的问题。

- 职业教育与培训历来被作为学校体系之外的备选和非学术流。但是职业教育与培训正在逐步实现教学的多样性，这种转变正在改善它和传统学术教育的关系。职业教育与培训和工作场所、就业有非常紧密的联系。大部分国家在高中教育的通用性和多样性之间意见不一。而将职业教育融入高中课程，可以视为减少紧张关系的办法之一。另外，这种融合也可以淡化职业性，例如英国的国家普通职业资格。各国正在运用各种手段维持多样化路径的等值性，包括发展资格框架、等值体系等。

对澳大利亚的启示

在对五个经济合作与发展组织国家的比较研究中，卡恩斯（Kearns）和帕帕多普洛斯（Papadopoulos，2000）得出的结论是：各国都在动员全社会建设创新型学习文化，用以巩固自己国家的社会与经济发展以及在世界上的竞争地位。他们认为，对澳大利亚的主要启示集中在职业教育与经济社会政策之间的联系，特别是在地方层级。他们强调全政府（whole-of-government）的路径及其在一个充满活力的经济、社会和政策的环境下与广义社会之间的关系。

第五章 总结与启示

我们的研究集中在职业教育与培训中相对传统的话题：支持企业发展和职业知识、技能与文化发展的国家制度安排，以及制度安排背后的结构和公共政策机制。作为一种社会和经济体系，职业教育与培训与国家和社会休戚相关。而这些因素之间的关系的变化会影响到职业教育的发展。有迹象表明，卡恩斯（Kearns）和帕帕多普洛斯（Papadopoulos）所主张的变革类型已经被澳大利亚的决策者采用，进而作为地方经济和社会发展融合的建议，其中包括地方的职业教育与培训（如 ASTF, 1999; Kirby, 2000; Eldridge, 2000）。

因此，从这项研究中获得启发时，我们应该采取开阔的视角：职业教育与培训在社会和经济发展中的作用以及政策对它的影响。所以，回到本研究开始时我们所提出的关键问题，可能获得一些重要的启示：

（1）部门界定（Sectoral delineation）是澳大利亚职业教育与培训模式的鲜明特征。虽然其他国家也有此特征，例如法国、墨西哥和中国。而一些国家正在试图减少这种划分，如英国。英国、法国和墨西哥等国正试图在地方一级形成更大的融合，将职业教育与社会的其他元素进行关联。澳大利亚则受限于联邦结构和混乱的资金安排。尽管如此，一些地方性职业教育的规划和教学路径在经费模式整合和统筹规划方面大有潜力，英国就是一个很好的范例。

作为澳大利亚的重要课题，关于职业教育和普通教育之间衔接问题的研究已经超过 10 年，但成果并不显著。其他国家正在开发双方互利的联系和整合的新形式，包括短期的高等教育课程、双学历以及培训奖项（和学徒）和学历、高等学历之间的联系。这将需要再一次对资金安排进行重新审核。

（2）职业教育与培训政策在澳大利亚一直是产业主导。表面上看，该政策的做法非常复杂，可以说政策结构相对封闭，不利于和社会其他要素及经济政策相互连接。深层次的还有复杂的联邦制结构和相关的资金安排，同时还有产业文化。而产业文化是产业培训和技术教育及后卡根时代的培训融合后的产物。

经济和社会政策的融合对大部分国家而言都是一个挑战。目前一些欠发达的经济体（中国、墨西哥）倾向于将职业教育与培训作为改善就业难题和提高经济竞争力的解决方案之一。其他国家（新加坡、智利）在职业教育与培训政策与更广泛的社会和经济目标的连接方面已经早早地走在前列。最近，法国和英国都试图把职业教育与培训政策放入终身学习政策框架内。有些国家（日本、德国）曾经将职业教育与培训体系纳入大力发展的文化中，如今在更广泛的经济和社会政策框架下，面临着积极推进职业教育与培训的挑战。澳大利亚的职业教育与培训政策仍然过于与社会和经济政策的其他元素相隔离。

（3）一些欧洲国家（3个是我们的研究对象）在经历过10年或更长时间的经济下滑之后，试图重振学徒制和工学交替式培训。所有的学徒制都面临着增加灵活性和改变学徒制形式的压力。解决的方法包括：脱产的和在职的培训与教育之间更多样化和灵活的关系，培训和高等教育学历之间的联系，以及初次职业教育在学校体系内的定位等。

一些国家正在寻找工作和学校系统中初次职业教育之间更积极的关系。这些国家的发展路径，尤其是法国的路径，比澳大利亚更为激进，澳大利亚的做法可能受到相对集中化的产业模式的限制。澳大利亚可以借鉴其他国家的做法，尤其是可以尝试将入门级培训内容融入主流教育的高中证书中。

主流的学校教育与职业教育的相对隔离是澳大利亚路径的一个特点。可以说，学校中的职业教育与培训是各种复杂又昂贵机制的表现形式，这些机制是企图在主流高中教育中赢得一席之地（Malley 和 Keating，2000）。经合组织的转型研究（OECD transition study，1999）指出，高中阶段的职业教育和普通教育的融合趋势与澳大利亚学校职业教育的发展相一致。但是这个阶段的职业教育肯定是碎片化的，因为高中体系难以大力发展技或职业项目，但是欧洲国家的发展路径将其结合得很好。这可能与澳大利亚没有短期高等教育课程，以及没有将职业技术与继续教育（TAFE）作为离校生的发展路径有关[①]。职业教育与普通教育整合的现象在其他国家同样存在，如墨西哥和日本。而入门级培训则补充了这种发展，它解决了成本、年龄、地位和维系终身学习的教育平台的需要等问题。

（4）大部分国家都在寻求建立需求导向的战略，尤其是那些基础设施薄弱的国家（中国、墨西哥）。而在这个领域中，意识形态的分歧最为突出，例如英国的志愿主义传统和法国的高度国家干预。澳大利亚既没有社会伙伴关系的传统，也没有出现国家对产业和政治上的大力干预。

在此基础上，卡恩斯和帕帕多普洛斯（2000）得出结论：未来的路径需要在国家和社会之间建立更加广泛的联系，这是非常有道理的。有的国家通过政府措施干预行业需求，如法国或德国；有的则强调个人需求，正如美国的工作和职业文化中的演变。这些都不太可能出现在澳大利亚。我们同样面临着职业教育与培训行业需求明显下降的事实（Burke，2000），并可能走向教育和培训的"后权利"（post-entitlement）阶段，后义务教育（post-Year 12）的研究越来越多地看重个人责任。寻找新的需求方面的策略是十分必要的。这些策略还需要考虑到职业教育的构成和行业技能的内容，当前国家培训框架的制度形式可能存在的局限性，尤其体现在信息技术领域。

（5）澳大利亚职业教育与培训的体制（Institutional infrastructures）仍然相对集权化，由州、国家主管部门和行业培训主体建立。许多国家（法国、英国、美国、墨西哥、中国、智利）都转向了地方安排，有些是基于当地的新型合作伙伴关系形式。过去存在于职业教育与培训、学校教育、

[①] 超过50%的接受职业教育的学生直接来自学校，他们已经完成了12年义务教育，并将大学课程作为他们的首选。

成人教育和高等教育之间的泾渭分明的结构性安排，不再适应后工业时代的需求。

正如大量案例研究（美国、墨西哥、法国、英国、日本）所显示的，普通教育与职业教育之间的差异正在逐渐模糊，从澳大利亚国家培训框架的制度形式中可见一斑。我们的研究认为，未来对这一框架严格阐释的需求可能越来越小。

（6）社会伙伴关系的欧洲模式尤其是社团主义的形式也面临很多压力，一些国家将职业教育的各个方面都融入更广泛的社会和经济伙伴关系中（英国、美国、法国、德国和日本）。20世纪80年代的新社团主义安排支撑了国家培训改革议程，这在未来的澳大利亚不太可能重新出现。随着终身学习时代的到来，技能需求和软技能都在快速变化，职业教育与培训在行业安排中的定位将不再适用。但是，大多数国家都发现职业教育与培训越来越需要在行业、社会和政府之间建立新联系。

在澳大利亚的职业教育与培训领域，政府和签署澳大利亚国家培训局（ANTA）协议的各方之间可能存在一个假设，即国家培训框架标志着成就的制高点，由该培训框架所支撑的解决方案可以持续相当长的一段时间。这与澳大利亚职业教育与培训历史上的其他解决途径一脉相承（Murray Smith，1965）。虽然这项研究是实证性的，但是它也试图在历史背景下考量各种体系。很显然，没有十分理想的职业教育体系，考虑到社会和经济环境的复杂性，想要构造一个理想化的体系也是非常困难的。但是职业教育与培训体系的核心目标非常明确：技能形成和适应，终身学习，社会和行业分布的技能，过渡路径和就业等，想要实现这些目标，职业教育体系必须在未来能够继续适应变革的压力。

参考文献

1. Abentur F & Mobus, M. Continuing training for companies: France's position in Europe. Training and Employment,1996,no. 26.

2. Achtenhagen F & Grubb. Vocational and occupational education: Pedagogical complexity, institutional diversity. in Handbook of Research on Teaching, ed. V Richardson, AERA, Washington DC, WN 1999.

3. Adams A, Middleton J & Ziderman A. The World Bank policy paper on vocational and technical education and training. Prospects,1992,AAII (2).

4. Alto R, Isaac I, Knight B & Polestico R, Training systems in South – East Asia, NCVER, Adelaide, 2000.

5. Archer, M. The social origins of education systems, Sage Publishing, London,1979.

6. Arum R & Hout M. The early returns: The transition from school to work in the United States. in From school to work: A comparative study of educational qualifications and occupational destinations, eds?? Y Shavit & W Muller, Clarendon Press, Oxford,1998.

7. Ashton D. Understanding change in youth labour markets: A conceptual framework. paper for the international youth conference Youth and social change in Europe: Integration or polarisation?, Moscow Youth Institute,1992.

8. Ashton D. Labour market approaches to the study of the relationships between education and (un) employment in the United Kingdom. in Education and

work in Great Britain, Germany and Italy, eds A Jobert, C Marry, L Tanguay & H Rainbird, Routledge, London, 1997.

9. Ashton D, Green F & Lowe G. The linkages between education and employment in Canada and the United Kingdom: A comparative analysis', Comparative Education, 1993, vol. 29, no. 2, pp. 125 – 143.

10. ASTF (Australian Student Traineeship Foundation). Bright futures for young Australians, Sydney, 1999.

11. Avalos B. Education for global/regional competitiveness: Chilean policies and reform in secondary education. Compare, 1996, vol. 26, no. 2.

12. Barrett G & Dewson S. Sectoral support for training: A review of international practice, DfEE, London, 1998.

13. BAT (Bureau of Apprenticeships and Training). The National Apprenticeship System, US Department of Labor, Washington DC, 1995.

14. Benewick R & Wingrove P(ed.). China in the 1990s, Macmillan Press, London.

15. Bertrand O. Financial and fiscal devices to encourage the development of vocational training. A case study of France, (unpublished), 1993.

16. Bertrand O. Apprentissage et formation en alternance. Tendances recentes et problematique, (unpublished paper), 1999.

17. Boesel D. National Assessment of Vocational Education: Final Report to Congress, Vol. II, Employment Outcomes, US Department of Education, National Assessment of Vocational Education, Washington DC, 1994.

18. Bosch A F. Popular education, work training, and the path to women's empowerment in Chile. Comparative Education Review, 1998, vol. 42, no. 2, pp. 163 – 176.

19. Bourdieu P. Cultural reproduction and social reproduction. in Knowl-

edge, education and cultural change: Papers in the sociology of the curriculum, ed. R Brown, Tavistock Publications, London, 1973.

20. Bourdieu P. The state nobility, Standford University Press, California, 1995.

21. BREF. Génération 92: Profils, parcours et emplois en 1997, BREF, janvier, 1999.

22. Burke G. Financing vocational training and lifelong learning—Australia. Vocational Training and Lifelong Learning in Australia and Germany, Potsdam, Germany, 29 – 31 May 2000, in Conference on vocational training and lifelong learning in Australia and Germany, Monash University – ACER Centre for the Economics of Education and Training, 2000.

23. Burke G & Reuling J. Vocational training and lifelong learning in Australia and Germany. NCVER, Adelaide, 2002.

24. Bynner J & Roberts K. Youth and work: Transition to employment in England and Germany, Anglo – German Foundation for the Study of Industrial Society, London, 1991.

25. Caillods M. Converging trends amidst diversity in vocational training systems. International Labour Review, 1994, vol. 133, no. 2.

26. Cantor L. Vocational education and training in the developed world: A comparative study, Routledge, London, 1989.

27. CARIF. Mesures en faveur des jeunes demandeurs d'emploi. Regards, Limousin, avril/juin, 1999.

28. Carnoy M. Efficiency and equity in vocational education and training policies. International Labour Review, 1994, vol. 122, no. 2.

29. Carnoy M. National voucher plans in Chile and Sweden: Did privatization reforms make for better education, Comparative Education Review, 1998,

vol. 42, no. 3, pp. 309 – 325.

30. Casey B. Recent developments in West Germany's Apprenticeship Training System. Public Policy Institute, London, 1992.

31. Casey B. Apprentice training in Germany: The experience of the 1980s, CEDEFOP (European Centre for the Development of Vocational Training) 1991, The EC programme 'Comparability of vocational training qualifications'. Aims, working methods, evaluation, Berlin, 1993.

32. Casey B. Dossier, Berlin and Thessaloniki, 1994 – 1999.

33. Casey B. Apprenticeship in the EU Member States. A comparison, Berlin, 1995.

34. Casey B. The financing of vocational education and training in Britain, Thessaloniki, 1999a.

35. Casey B. The financing of vocational education and training in France. Thessaloniki, 1999b.

36. Centre INFFO. L'apprentissage. mars, 1998.

37. CEREQ (Centre d'etudes et de recherches sur les qualifications). Bref nos, Marseilles, 1995 – 1999.

38. CEREQ. Training and Employment, no. 25, Marseilles, 1996.

39. CEREQ. Training and Employment, Marseilles, 1997 – 1999.

40. Cheng K M. Young adults in a changing socialist society: Post – compulsory education in China. Comparative Education, 1994, vol. 33, pp. 63 – 73.

41. CIVoTE. Annual report of vocational education in China, 1997, Central Institute for Vocational and Technical Education, Department of Vocational and Technical Education, Ministry of Education, PRC, 1998.

42. CNC. Chinese tertiary vocational education in retrospect and prospect' in UNESCO, international seminar on re – engineering of higher technical and voca-

tional education,7 – 10 December,Shenzen,PRC,1998:pp. 8 – 14.

43. Coleman,N & Williams,J 1998,Evaluation of Modern Apprenticeships: 1998 survey of young people,DfEE,London.

44. Cox Edwards A. Constraints and innovations in vocational education and training reform: The case of Chile,World Bank,Washington DC,1996.

45. Cox Edwards A. Chile. in Gill et al,1999a.

46. Cox Edwards A. Vocational education for Chilean farming: The CODESS-ER Model,World Bank, Washington,1999b.

47. Crisafulli D. Matching grants schemes for enterprise upgrading: A comparative analysis, World Bank,Washington,1998.

48. Crombie White R, Pring R & Brockington D. Education and training: Implementing a unified system of learning, Royal Society for the Arts, Coventry,1995.

49. Curtain R. Japan's response to the recession: Lessons for Australia?, Australian Bulletin of Labour,1993,vol. 19,no. 3,pp. 184 – 199.

50. Curtain R. An entitlement to post – compulsory education: International practice and policy complications for Australia, NCVER, Adelaide, forthcoming,2000.

51. De Moura Casto C. Training policies for the end of the century. New trends in technical and vocational education,UNESCO,Paris,1995.

52. De Moura Casto C. The stubborn trainers vs the neoliberal economists: Will training survive the battle,IDB,Washington DC,1998.

53. Dearing R. Review of qualifications for 16 – 18 – year – olds,summary report,Schools Curriculum and Assessment Authority,Middlesex,1996.

54. Dépêches de l'AEF (a special subscription,not for reproduction) Dore R & Sako M. How the Japanese learn to work,Athlone,London,1989.

55. Dore R. The diploma disease: Education, qualifications and development, Institute of Education, London, 1997.

56. Dougherty C. The German dual system: A heretical view. European Journal of Education, 1987, vol. 22, no. 2.

57. DTE – MOLSS (Department of Training and Employment, Ministry of Labour and Social Security). Vocational training and employment in China. DTE – MOLSS, PRC, 1999.

58. Ducci M A. The role of the state and the private sector in training. ILO, Geneva, 1997a.

59. Ducci M A. Training for employability. ILO, Geneva, 1997b.

60. Eckert H. Les sortants d'un baccalauréat professionnel en 1990. Confrontes aux tensions sur le marche du traivail. Une comparaison avec les sortants de 1988, CEREQ, Marseille, 1993.

61. Economic Research Services. Evaluation of Modern Apprenticeships: 1998 survey of employers, DfEE, London, 1998.

62. ECSGET (European Commission Study Group on Education and Training). Accomplishing Europe through education and training: Report, ECSGET, ECSC – EC – EAEC, Brussels, Luxembourg, 1997.

63. Eldridge D (chair). Youth pathways action plan taskforce report: Interim report. Department of Education, Training and Employment, Canberra, 2000.

64. Espinoza E M. Chile: Partnerships in a market oriented training system. ILO, Geneva, 1997.

65. European Commission. The current situation regarding vocational training in Latin America and the Caribbean. Luxembourg, 1997.

66. European Commission. Key data on vocational training in the European Union, Office for Official Publications of the European Communities. Luxem-

bourg, 1998.

67. European Commission. Key data on vocational training in the European Union, Young People's Training, Office for Official Publications of the European Communities. Luxembourg, 1999.

68. EURUDICE/CEDEFOP. Structure of the initial training systems in the European Union, Germany, Brussels, 1995a.

69. EURUDICE/CEDEFOP. Structure of the initial training systems in the European Union. France, Brussels, 1995b.

70. EURUDICE/CEDEFOP. Structure of the initial training systems in the European Union. United Kingdom, Brussels, 1995c.

71. Evans B. The politics of the training market: From Manpower Services Commission to Training and Enterprise Councils, Routledge, London, 1989.

72. Fallon P & Hunting G. 'China', in Skills and change: Constraints and innovation in the reform of vocational education and training, eds I Gill & F Fluitman, World Bank, forthcoming, 1999.

73. Fan G, Lunati M & O'Connor D. Labour market aspects of state enterprise reform in China, technical paper no. 141, OECD Development Centre, October, 1998.

74. Feigenbaum H B. Centralization and national integration in France. paper to the conference Ethnonational Cleavages and Viable Constitutionalism, University of Hawaii, 1989, 5 – 8 Jan.

75. Finegold D & Soskice D. 'The failure of training in Britain: Analysis and prescription'. Oxford Review of Economic Policy, 1988, vol. 4, no. 3, pp. 21 – 53.

76. Finegold D. Breaking out of the low – skill equilibrium, National Commission on Education briefing no. 5, Paul Hamlyn, London, 1990.

77. Finn D. Working brief, issue 42, Unemployment Unit, London, 1993.

78. Fluitman F. Training for work in the informal sector, International Labour Organization. Geneva, 1995.

79. Franklin J C. Industry output and employment projections to 2006. Monthly Labor Review, 1997.

80. Fukasaku K, Yu M & Qiumei Y. China's unfinished open – economy reforms: Liberalisation of services, technical paper 147, OECD Development Centre, April, 1999.

81. Fukuyama F. Trust: The social virtues and the creation of prosperity, l Gasskov, V 1989, Alternative schemes for financing training. ILO, Geneva, 1995.

82. Gill I, Fluitman F & Dar A. Skills and change: Constraints and innovation in the reform of vocational education and training, a joint study of the World Bank and the International Labor Office, Washington DC and Geneva, 1998.

83. Gill I. Reforming VET in Chile, World Bank, Washington DC, 1999.

84. Goodman D. 'New economic elites' in China in the 1990s, eds R Benewick & P Wingrove, Macmillan Press, London, 1999, pp. 132 – 144.

85. Gopinathan. 'Educational development in a strong state: The Singapore experience', Australasian Association for Research in Education Conference, 1994.

86. Gospel H. The decline in apprenticeship training in Britain. Industrial Relations Journal, 1995, vol. 26, pp. 22 – 44.

87. Goux D & Maurin E. From education to first job: The French case. in From school to work: A comparative study of educational qualifications and occupational destinations, eds Y Shavitt & W Muller, Clarendon Press, Oxford, 1998.

88. Green A. Education and state formation. The Macmillan Press, London, 1990.

89. Green A. Comparative perspectives on skills formation in Japan, South Korea. Singapore and Germany, working paper 5, The High Skills Project, Institute of Education, University of London, 1999a.

90. Green A. East Asia Skill Formation Systems and the challenge of globalism. Journal of Education and Work, 1999b, vol. 12, no. 3, pp. 253 – 279.

91. Green A. 'Singapore', draft paper for the High Skills Project, Institute of Education, London(unpublished), 2000.

92. Green A, Hodgson A, Sakamoto – Vandenberg A, Spours K. Financing of VET. CEDEFOP(forthcoming), 2000.

93. Green A, Ouston J, Sakamoto – Vandenberg A. Comparisons of English and Japanese schooling, working paper 4, Institute of Education, University of London, 1998.

94. Green A & Sakamoto – Vandenberg A. The place of skills in national competition strategies in Germany, Japan, Singapore and the UK. London, Institute of Education, University of London (unpublished draft), 2000.

95. Green A & Steedman H. Educational provision, educational attainment and the needs of industry: A review of the research for Germany, France, Japan, the USA and Britain, report series 5. National Institute of Economic and Social Research, London, 1993.

96. Grogger J. Market wages and youth crimes. Journal of Labor Economics, 1998, October, p. 756.

97. Haby R. Pour une modernisation du systeme educatif, La Documentation Francaise, numero spécial, 1975.

98. Heath A & Cheung S Y. Education and occupation in Britain. in From school to work: A comparative study of educational qualifications and occupational destinations, eds Y Shavitt & W Muller, Clarendon Press, Oxford, 1998.

99. Higginson G (chair). Advancing A levels, report of a committee appointed by the Secretary of State for Education and Science and the Secretary of State for Wales. Her Majesty's Stationery Office, London, 1988.

100. Hillage J, Atkinson J, Kersley B & Bates P. Employers' training of young people. DfEE, London, 1998.

101. HMI (Her Majesty's Inspectors). Aspects of vocational education and training in the Federal Republic of Germany. London, 1993.

102. Hobsbawm E J. Industry and empire. Penguin, Hammersworth, 1969.

103. Hodkinson P & Mattinson K. A bridge too far? The problems facing GNVQ', The Curriculum Journal, 1994, vol. 5, no. 3, pp. 333 – 336.

104. Hossain S. Making an equitable and efficient education: The Chinese experience. in China: Social Sector Expenditure Review, 1996, World Bank, 1997.

105. Huang Y. transcript of meeting with Huang Yao, Director – General, Department of Vocational and Adult Education (DVAE), Ministry of Education (MOE) and Director – General, Central Institute for Vocational and Technical Education (CiVOTE), Beijing, August, 1999.

106. ILO(International Labour Organization). Employing youth: Promoting employment and institutional growth. Geneva, 1999a.

107. ILO. World employment report, Geneva, 1999b.

108. Indermit G & Fluitman F (eds). Introduction, in skills and change: Constraints and innovation in the reform of vocational education and training, World Bank, http://www.worldbank.org, 1999.

109. INFFO Flash. L'apprentissage: le défi de la qualité au service de la professionalisation des jeunes. Interview de Nicole Péry, Centre INFFO, 1999, décembre.

110. Inui A. The competitive structure of school and the labour market: Japan and Britain. British Journal of Sociology of Education, 1993, vol. 14, no. 3, pp. 301 – 313.

111. Ishida H. Educational credentials and labour – market entry outcomes in Japan. in From school to work: A comparative study of educational qualifications and occupational destinations, eds Y Shavitt & W Muller, Clarendon Press, Oxford, 1998.

112. International Monetary Fund. World economic outlook database. 2000, September.

113. Iwamoto M. Case study on technical and vocational education in Japan. UNEVOC, Berlin, 1994.

114. Jiang P. transcript of meeting with Jiang Piemin. Vice – Director, Department of Policy Research MOE and author of the policy document, Invigorating education for the 21st century, August, Beijing, 1999.

115. Jobert A, Marry C, Tanguay L & Rainbird H (eds). Education and work in Great Britain, Germany and Italy, Routledge, London, 1997.

116. Johnston W & Packer A. Workforce 2000: Work and workers for the 21st century. Hudson Institute, for the US Department of Labor, Indianapolis, 1987.

117. Keating J. Industry training in Guatemala: Discussion paper', paper for the World Bank, Washington DC (unpublished), 1999a.

118. Keating J. Secondary education and the state: Regional variations across two nation states. unpublished PhD thesis, University of London, 1999b.

119. Kearns P & Papadopoulos G. Building a learning and training culture: The experience of five OECD countries. NCVER, Adelaide, 2000.

120. King A. Ideas, institutions and the policies of governments: A compara-

tive analysis: Parts I and II. British Journal of Political Science, 1976, vol. 3, pp. 291 – 313.

121. Lane J & Miranda J. Analysis of CONALEP and DGETI programs in Mexico(unpublished).

122. Lauglo J. Vocational training and the bankers faith in the private sector. Comparative Education Review, 1992, vol. 26, no. 2.

123. Lee TY. The financial crisis: Impact on the Singapore economy, Institute of Policy Studies, Singapore, 1998.

124. Lewin K, Xu H, Little A & Zheng J. Educational innovation in China: Tracing the impact of the 1985 reforms. Longman, Harlow, 1994.

125. Liu Z. transcript of meeting with Liu Zhipeng, Department of Higher Education (DHE), MOE, September, Beijing, 1999.

126. Lumby J & Li YP. Managing vocational education in China. Compare, 1998, vol. 28, no. 2, pp. 197 – 206.

127. Lutz B. Education and employment: Contrasting evidence from France and the Federal Republic of Germany. European Journal of Education, 1981, vol. 16, no. 1, pp. 73 – 86.

128. Malley J, Keating J, Robinson L & Hawke G. The quest for a working blueprint: Vocational education and training in Australian secondary schools. NCVER, Adelaide(unpublished), 2000.

129. Malley J & Keating J. Policy influences on the implementation of vocational education and training in Australian Secondary Schools. Journal of Vocational Education and Training, 2000, vol. 52, no. 4, pp. 627 – 652.

130. Marsden D & Ryan P. Initial training, labour market structure and public policy: Intermediate skills in Britain and Germany. in International comparisons of vocational education and training for intermediate skills formation, ed. P

Ryan, Falmer Press, Lewes, 1991.

131. Marsden D. The approaches of economists to the relationship between training and work, 1997.

132. Eds Jobert A, Marry C, Tanguay L & Rainbird H, Routledge. The case of Great Britain', in Education and work in Great Britain, Germany and Italy, London.

133. Marshall A. State labor market intervention in Argentina, Chile and Uruguay: Common model, different versions, ILO, Geneva, 1997.

134. Martinez EE. Vocational training in Chile: A decentralized and market oriented system. ILO, Geneva, 1994.

135. Mathews J. Tools of change: New technology and the democratisation of work. Pluto Press, Sydney, 1985.

136. Maurice M, Seller F & Silvestre J – J. The social foundations of industrial power, MIT Press, Cambridge, 1988.

137. McKenzie P. What difference does a research centre make? ACER – Monash University, Melbourne, Victoria, 1999.

138. Merle V. The evolution of systems of validation. What are the possible models and what are the issues for France? Vocational Training, 1997, no. 12, CEDEFOP.

139. MESSC (Ministry of Education, Science, Sports and Culture). Statistical abstract of education, science, sports and culture. Research and Statistical Planning Division, Japan, 1999.

140. Michelet V. The financing of vocational education and training in France. CEDEFOP, Thessaloniki, 1998.

141. Middleton J, Ziderman A & Van Adams A. Skills for productivity. Vocational education and training in developing countries, Oxford University Press,

New York, 1993.

142. Ministère de l'Education nationale. Etre élève et apprenti: une expérience originale d'alternance dans l'enseignement professionnel, CPC document, ale, 1998, 1998/2.

143. Ministère de l'Education nationale. Repères et références statistiques, 1999.

144. Ministère de l'emploi. Le redéploiement de l'apprentissage vers des secteurs d'activité moins traditionnels se prousuit en 1998, premières synthèses, 1999, 12.

145. Ministro de Educacion. Estadisticas del Sistema Educacional Chilena, Santiago, 1999.

146. Minowa M. Mexico training assessment study, World Bank (unpublished), 1997.

147. Minowa M. Mexico: Constraints and innovations in vocational education and training reform, World Bank, Washington DC, 1998.

148. Mitchell AG. Strategic training partnerships between the State and enterprises. ILO, Geneva, 1999.

149. Mobus M & Verdier E. The definition of vocational diplomas in Germany and France', Training & Employment, 1997, no. 29, CEREQ.

150. MOE (Ministry of Education). Educational development in China, Ministry of Education, Beijing, 1998a.

151. MOE (Ministry of Education). Invigorating education for the 21st century, Ministry of Education, December, 1998b.

152. MOE (Ministry of Education). Essential statistics of education in China, Development of Planning, Ministry of Education, PRC, 1999.

153. MOE (Ministry of Education). Moulding the future of our nation: Edu-

cation in Singapore—an overview, Ministry of Education, http://www1. moe. edu. sg/educatio. htm,1999.

154. MTC International. World competitiveness yearbook. Laussane,1999.

155. Muller W,Steinmann S & Ell R. Education and labour – market entry in Germany. in From school to work: A comparative study of educational qualifications and occupational destinations,eds Y Shavitt & W Muller,Clarendon Press, Oxford,1998.

156. Murray – Smith S. Technical education in Australia: A historical sketch. in Higher Education in Australia, ed. ELC Wheelright, FW Cheshire, Melbourne,1965.

157. National Commission on Education. Learning to succeed, Heinemann, London, 1993.

158. Northdurft WE. Schoolworks: Reinventing public schools to create the workforce of the future. The Brookings Institute, Washington DC,1989.

159. O'Connell PJ. Adults in training: An international comparison of continuing education and training, OECD, Paris,1999.

160. OECD(Organisation for Economic Cooperation and Development). Preparing youth for the 21st century: The policy lessons from the past two decades, background paper. OECD,Paris, 1999.

161. OECD(Organisation for Economic Cooperation and Development). Review of Mexican higher education policy—examiner's report, OECD, Paris,1996.

162. OECD(Organisation for Economic Cooperation and Development). Education at a glance. OECD indicators, OECD, Paris,1997.

163. OECD(Organisation for Economic Cooperation and Development). Education database, OECD, Paris,2000.

164. OECD (Organisation for Economic Cooperation and Development).

OECD database, OECD, Paris, 2000.

165. OECD (Organisation for Economic Cooperation and Development). Pathways and participation in vocational and technical education and training. OECD, Paris, 1998a.

166. OECD (Organisation for Economic Cooperation and Development). Thematic review of the transition from initial education to working life: United Kingdom background report. OECD, Paris, 1998b.

167. OECD (Organisation for Economic Cooperation and Development). Thematic review of the transition from initial education to working life. OECD, Paris, 1999a.

168. OECD (Organisation for Economic Cooperation and Development). Thematic review of the transition from initial education to working life. Country note: Japan. OECD, Paris, 1999b.

169. Ourtau. L'apprentissage: chiffres et points de vue des acteurs, 1998.

170. Pang EF & Low CK. Industrial restructuring and retraining in Singapore, Training and Policy Studies, Training Policies and Programme Development Branch, ILO, Geneva, 1994.

171. Payne J, Payne C, Lissenburg S & Range M. Work based training and job prospects for the unemployed. An evaluation of training for work, DfEE, London, 1998.

172. Penington D. Creating and sustaining a learning culture. in Post – compulsory learning: Exploring new directions in education and training, Department of Education and University of Melbourne, National Curriculum Services, Melbourne, 1994.

173. Perkin H. The third revolution. Routledge, London, 1996.

174. Pérot S – Z. Apprentissage: de nouveaux parcours de formation, BREF,

février,1998.

175. Perry J & Volkoff V. A tale of two systems: Sharing practice and supporting change in Chinese VET. paper presented at 7th Annual International Conference on Post – compulsory Education and Training, December, Surfers Paradise,1999.

176. Pillay G. Training of middle level workers in Singapore, International Labour Office,Geneva,1992.

177. Pillay G. Singapore training system: Strategic and organisational review of the vocational training council,seminar paper. Hong Kong. April.

178. Piore M & Sabel C. The second industrial divide. Basic Books, New York,1984.

179. POLFORM/CINTERFOR. Training and labour legislation, ILO, Geneva,1999.

180. Pottier F. Training and the labour market: Definition of issues common to various countries. in Training and the labour market: using data for decision – making,CEDEFOP,Berlin,1991.

181. Prais SJ. Educating for productivity: Comparisons of Japanese and English schooling and vocational preparation. National Institute Economic Review, 1987,February,40,56.

182. The School – to – Work Opportunities Act of 1994, Public Law, 103 – 239.

183. Putz H. The education and training system in Germany. paper to the international conference, Directions: Education for 15 – 24 – year – olds—policy imperatives and educational opportunities,Sydney.

184. Quah. The public policy – making process in Singapore. in Asian Journal of Public Administration,1984,vol. 6,no. 2,pp. 108 – 126.

185. Raffe D. Beyond the 'mixed model': Social research and the case for reform of 16 – 18s in education in Britain. Centre for Educational Sociology, University of Edinburgh, 1990.

186. Raffe D. Multi – track and unified systems, and upper secondary education in Scotland: An analysis of two debates, Centre for Educational Sociology, University of Edinburgh, 1992.

187. Raffe D. A sociological framework for analysing labour – market influences on education. Centre for Educational Sociology, Edinburgh University, paper presented to international experts conference, University of Twente, Enschede, Netherlands, 1990.

188. Raffe D. Tracks and pathways: Differentiation in education and training systems and their relation to the labour market. in The determinants of transitions in youth, papers from the conference organised by the ESF Network on Transitions in Youth, CEDEFOP, Barcelona, 1993.

189. Raffe D, Biggart A, Fairgrieve J, Howieson C, Rodger John, Burniston. Thematic review of the transition from initial education to working life: United Kingdom, background report, Department for Education and Employment, London, 1998.

190. Ranson B. Rural education and economic development in China, Mexico, Japan, and the United States. Comparative Education Review, 1988, vol. 32, no. 2, pp. 213 – 225.

191. Simon & Schuster, Reich R. The work of nations. New York, 1991.

192. Simon & Schuster, Reich R. What's working and what's not. US Department of Labor, Washington DC, 1995.

193. Revista Enlaces, no. 19, 1999.

194. Rhodes L & Nakamura M. From school to work in Japan. Compare,

1996, vol. 26, no. 3.

195. Ringer F. Education and society in modern Europe, Indiana University Press, London, 1979.

196. Robbins DJ. Gender, human capital and growth: Evidence from six Latin American countries. OECD Development Centre, technical papers no. 151, OECD, Paris, 1999.

197. Rosenbaum, JE & Kariya T. Do school achievements affect the early jobs of high school graduates in the United States and Japan. Sociology of Education, 1991, vol. 64, no. 2, pp. 78 – 95.

198. Sakamoto – Vandenberg A, Green A, Brown P & Lauder H. Japan's human resource response to the challenges of the 1980s, working paper 1. Institute of Education, University of London, 1998.

199. Schiefelbein E. Restructuring education through economic competition: The case of Chile. Journal of Educational Administration, 1991, vol. 29, no. 4, 17 – 29.

200. Schomann K. Labour market transitions and dynamics of transitions in Germany. in Education and work in Great Britain, Germany and Italy, eds A Jobert, C Marry, L Tanguay & H Rainbird, Routledge, London, 1998.

201. SEAMEO. Management of business and industry cooperation programmes in vocational and technical education, SEAMEO VOCTECH, Singapore, 1994.

202. Senker P. Industrial training in a cold climate, Avebury, Aldershot, 1992.

203. SEP (Secretariat of Public Education). National system for technological education. Mexico D F, SEP, 1998.

204. Shavit Y & Muller W. From school to work. A comparative study of ed-

ucational qualifications and occupational destinations, Clarendon Press, Oxford, 1998.

205. Allen & Unwin, Sydney, Spaull A. A history of the Australian Education Council, 1936 – 1986, 1987.

206. SPSB. CREST (Critical Enabling Skills Training) information booklet, Singapore Productivity and Standards Board, Singapore, 1998.

207. Steedman H et al. Assessment, qualifications and standards: UK compared to France, Germany, Singapore and the US. Centre for Economic Performance, 1997.

208. Stoner F. personal correspondence, 1998.

209. Streeck W. Skills and the limits of neo – liberalism: The enterprise of the future and the place of learning. Work, Employment and Society, 1987, vol. 3, no. 1, pp. 89 – 104.

210. Streeck W. German capitalism: Does it exist? Can it survive? New Political Economy, 1997, vol. 2, no. 2.

211. Sugama T. Vocational training for school leavers in Japan, Japan Vocational Ability Development Centre, Tokyo, 1995.

212. Sweet R. The jigsaw revisited: Comparative perspectives on transition. OECD, Paris, 2000.

213. Takeuchi Y. Myth and reality in the Japanese educational selection system. Comparative Education, 1991, vol. 27, no. 1, pp. 101 – 112.

214. Tamney JB. The struggle over Singapore's soul: Western modernization and Asian culture. Walter de Gruyter, New York, 1994.

215. Tan PB. Human resource development in Asia and the Pacific in the 21st century. Issues and challenges for employers and their organizations, ILO, Geneva, 1997.

216. Teichler U. Education and starting work in Japan. Impressions from a comparison between Japan and Germany. Vocational Training, 1995, no. 5.

217. Theunissen A – F. CEDEFOP and the social partners. CEDEFOP, Thessaloniki, 1997.

218. TOI. Times of India. New Delhi, 30 March, 2000.

219. Tzannatos Z & Johnes G. Training and skills development in the East Asian newly industrialized countries: A comparison and lessons for developing countries. Journal of Vocational Education and Training, 1997, vol. 49, no. 3, pp. 431 – 454.

220. UNESCO. Case studies on technical and vocational education in Asia and the Pacific, Royal Melbourne Institute of Technology, Australia, 1995.

221. UNESCO. Technical and vocational education and training: A vision for the twenty – first century. Geneva, 1999.

222. UNESCO/UNEVOC. Establishing partnerships in technical and vocational education. Co – operation between education institutions and enterprises in technical and vocational education, UNEVOC, Berlin, 1996.

223. UNEVOC. Financing technical and vocational education: Modalities and experiences. UNESCO, Paris, 1998.

224. Unwin L & Wellington J. Reconstructing the work – based route: Lessons from the Modern Apprenticeship. Vocational Aspects of Education, 1995, vol. 47, no. 4, pp. 337 – 351.

225. US Department of Commerce. October current population survey. Bureau of the Census, Washington, DC, 1996.

226. US Department of Education. High school and beyond sophomore cohort 1982 high school transcript study, and 1990 and 1994 National assessment educational progress high school transcript. Washington DC, 1982 – 1994.

227. US Department of Education. National post secondary aid study 1989 – 1990 and National post secondary aid study 1995 – 96. National Centre for Educational Statistics, Washington DC, 1989 – 1996.

228. US Department of Education. National educational longitudinal study of 1988. Third follow up and high school transcript study, National Center for Educational Statistics, Washington DC, 1994.

229. US Department of Education. The condition of education, National Center for Education Statistics, Washington DC, 1997.

230. US Department of Labor. National longitudinal survey of youth, Bureau of Labor Statistics, Washington DC, 1996 – 1997.

231. WDI. World development indicators, World Bank, 1999.

232. WDI. World development indicators, World Bank, 2000.

233. WDR. Entering the 21st century: World development report 1999/2000. World Bank, Oxford University Press, New York, 2000.

234. Weiner MJ. English culture and the decline of the industrial spirit, 1850 – 1980, Cambridge University Press, 1981.

235. Werner M. Australian key competencies in an international perspective. NCVER, Adelaide, 1995.

236. White M. Youth, employment and post – compulsory education: Crisis policy making in three depression decades in Australia—the 1890s, the 1930s and the 1980s. Australian and New Zealand Journal of Vocational Education Research, 1995, vol. 13, no. 1, pp. 110 – 140.

237. Wing TW. The economics and politics of transition to an open market economy: China, technical paper 153, October, OECD Development Centre, 1999.

238. Withers G. Immigration and the Australian labour market. Centre for Economic Policy Research, Australian National University, Canberra, 1989.

239. Wolf A. Politicians and economic panic. History of Education, 1998, vol. 27, no. 3, pp. 219 – 234.

240. World Bank. Vocational education and training: The role of the public sector in market economies. Julien Schweitzer Papers, Washington DC, 1994a.

241. World Bank. Vocational education for Chilean farming: The CODESSER Model. HRO dissemination notes, Washington DC, 1994b.

242. World Bank. Mexico Education and Training Moderization Project, staff appraisal report. Washington DC, 1994c.

243. World Bank. Human development in Latin America and the Caribbean. Washington DC, 1997a.

244. World Bank. Mexico. Training assessment study. Washington DC, 1997b.

245. World Bank. Mexico. Enhancing factor productivity growth. Washington DC, 1998a.

246. World Bank. Mexico, Proyecto de modernization de la education technica y capacitation. Auyda Memora, World Bank, Mexico City, 1998b.

247. World Bank. Country profile. Chile 1998 – 1999. Washington DC, 1999a.

248. World Bank. Country profile. China 1998 – 1999. Washington DC, 1999b.

249. World Bank. Country profile. Mexico 1998 – 1999. Washington DC, 1999c.

250. World Bank. Human development in Latin America and the Caribbean. Washington DC, 1999d.

251. World Bank. Chile at a glance. Washington DC, 2000a.

252. World Bank. China at a glance. Washington DC, 2000b.

253. World Bank. Mexico at a glance. Washington DC,2000c.

254. World Bank. World development indicators. Washington DC,2000d.

255. World Bank. World development report 1999/2000. Washington DC, 2000e.

256. Xiao – Zhuang Z. Industry and the urban economy in China in the 1990s. eds R Benewick & P Wingrove,Macmillan,1999.

257. Yoshiomoto K,Kosugi R,Takabe H & Yokoi T. Transition from initial education to working life in Japan. Background report for OECD thematic review, Ministry of Education,Science,Sports and Culture,Tokyo,1998.

258. Young M & Leney T,eds A Hodgson & K Spours, Kogan Page. From A – levels to an advanced level curriculum of the future',in Dearing and beyond. 14 – 19 qualifications,frameworks and systems,London,1997.

259. Zuboff S. In the age of the smart machine. Heinemann,London,1984.

附　　录

附表 1　各国人力资源可用性（availability）和
资历（qualification）排名（共 47 个国家）

国家	排名	国家	排名
新加坡	3	英国	24
美国	6	中国	27
日本	13	智利	32
德国	20	墨西哥	37
法国	23	澳大利亚	11

资料来源：World competitiveness yearbook，1999.

附表 2　各国技能劳动力的可用性（availability）排名（共 47 个国家）

国家	排名	国家	排名
澳大利亚	1	美国	23
德国	3	智利	24
法国	8	英国	34
新加坡	11	墨西哥	36
日本	16	中国	44

资料来源：World competitiveness yearbook，1999.

附表3 1993年和1998年青年失业率占总体失业率的比例

国家（基于学徒制的）	1993	1998
奥地利	1.3	1.1
丹麦	1.8	1.2
德国	1.1	1.1
其他国家		
澳大利亚	1.6	1.6
英国	1.6	1.7
美国	1.6	1.8
法国	2.3	2.6
日本	1.8	1.7

资料来源：OECD，1999.

附表4 不同产业的就业率

国家	农业（%）	工业（%）	服务业（%）
智利	14.1	26.8	59.1
中国	49.9	23.7	26.4
法国	4.3	25.1	70.6
德国	2.9	35.1	62.0
日本	5.7	31.7	62.6
墨西哥	19.3	25.4	55.3
新加坡	0.3	29.5	70.3
英国	1.7	26.9	71.4
美国	3.0	23.8	65.0
澳大利亚	4.9	22.1	73.0

资料来源：World competitiveness yearbook，2000.

附表5 失业率和青年失业率

国家	失业率（%）	青年就业率（%）	青年失业率（%）
智利	6.3	35.9	13.0
中国	3.1	59.6	—
法国	11.8	19.5	28.1
德国	9.6	12.5	10.0
日本	4.2	22.4	6.6
墨西哥	3.4	37.7	6.6
新加坡	3.2	27.2	5.1
英国	6.6	32.5	13.5
美国	4.5	38.8	11.3
澳大利亚	7.8	36.0	15.9

资料来源：World competitiveness yearbook, 2000.

附表6 1993—1998年的年均就业增长率

国家	增长率（%）	国家	增长率（%）
智利	1.51	墨西哥	-1.51
中国	3.04	新加坡	3.27
法国	0.61	英国	1.60
德国	-0.15	美国	1.92
日本	0.31	澳大利亚	2.33

资料来源：World competitiveness yearbook, 2000.

附表7 教育支出以及继续职业教育支出占国家公共支出的比例

国家	1994—1995年政府对继续教育的资助比例（%）	1994年教育公共支出占GDP的比例（%）
美国	7.7	5.1
日本	—	3.7
法国	39.0*（1996）	5.6
德国	—	4.5
墨西哥	—	4.1
英国	9.2	4.7
澳大利亚	8.1	4.9
经合组织平均值	10.6	5.3

*：法国数据不包括非强制性的继续教育，不过，法国的数字仍然高于美国和英国。

资料来源：O'Connell, 1998; OECD, 1997; Michelet, 1998.

附表8 20世纪80年代和90年代四国工资分布

	收入的第9分位与第5分位的比值（%）		收入的第1分位与第5分位的比值（%）	
	20世纪80年代初期	20世纪90年代初期	20世纪80年代初期	20世纪90年代初期
德国	1.63	1.64	0.61	0.65
英国	1.72	1.99	0.68	0.59
日本	1.63	1.73	0.63	0.61
美国	2.16	2.22	0.45	0.40

资料来源：W Streeck, 1997.

附表 9　高中毕业生的去向分布比例（1996 年或最近一年）

国家	去向		
	学徒制种类	基于学校的职业教育	普通教育
澳大利亚	3	2	94
奥地利	41	37	22
加拿大	1	5	94
捷克	x	82	18
丹麦	44	14	42
芬兰	5	47	48
匈牙利	x	681	32
日本	a	26	74
挪威	25	27	48
葡萄牙	4	32	64
瑞典	n	60	40
瑞士	60	9	31
英国	24	33	43
美国	n	12	88
其他国家			
比利时	3	65	32
法国	11	43	46
德国	52	24	24
希腊	n	32	68
爱尔兰	5	15	80
意大利	a	72	28

续表

国家	去向		
	学徒制种类	基于学校的职业教育	普通教育
韩国	a	42	58
荷兰	23	47	30
新西兰	8	30	62
波兰	m	69	31
西班牙	2	37	61

缺失数据：a 表示不合适，m 表示找不到，n 表示大小可以忽略或零，x 表示该数据包含在其他栏中。

注：在匈牙利，1/4 的高中学生在高中职业（贸易）学校，这些学生在官方数据中经常指的是学徒（例如 Lannert，1997）。他们参加的是基于学校的教育和实践培训的融合，更类似于基于学校的职业项目。职业项目中的年轻人的身份更侧重学生，而不是学徒。学徒则是雇员的身份，需要根据合同进行工作和培训。1990 年，不到 1/3 的车间培训在学校中进行，但是随着很多国有企业的关闭，企业里面用于实践培训的设施也将无法使用，导致 20 世纪 90 年代中期有大约 2/3 的车间培训都只能在学校中完成。然而，另一方面，小公司的增长，为个体经营的技工的实际培训创造了新的机会。但是，后者签订了多少正式契约学徒，并不是很清楚，因此它们仍然算作是基于学校的职业教育类别。

资料来源：Sweet，2000.

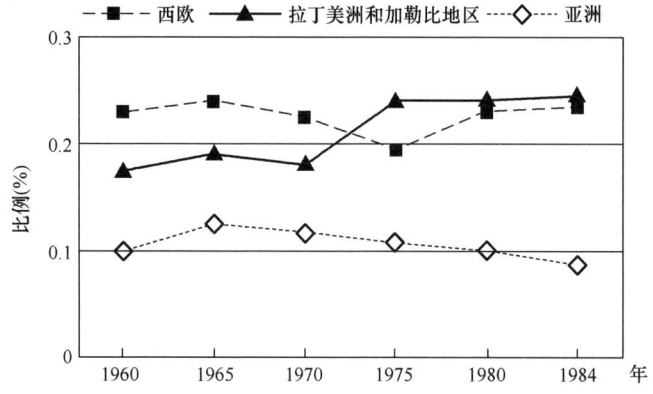

资料来源：Middleton et al. 1993.

附图 1 1960—1984 年各区域职业教育的学生注册比例

附 录

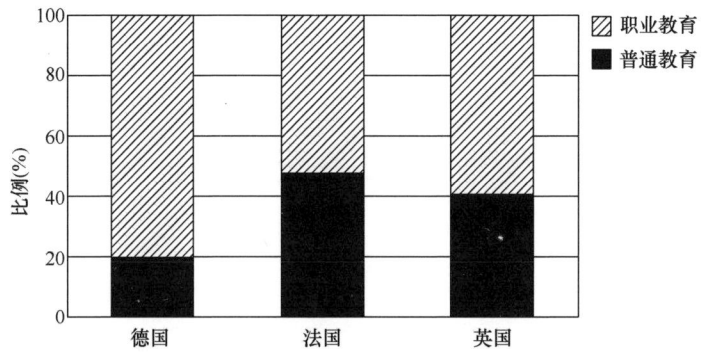

资料来源：OECD，1997.

附图 2　1993—1994 年普通教育与职业教育的学生比例

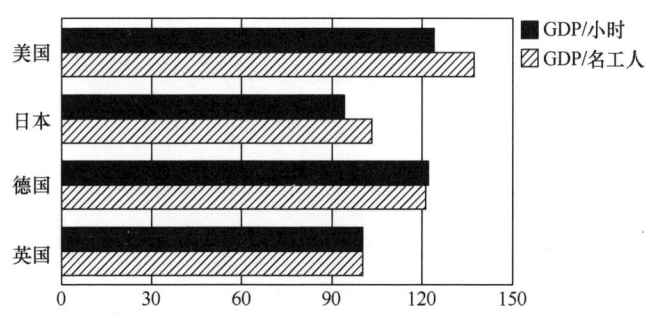

资料来源：the High Skills Project，London，Institute of Education，2000.

附图 3　1996 年的劳动生产率

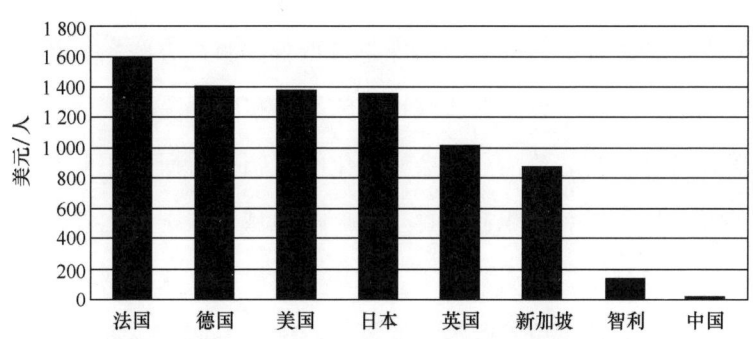

资料来源：OECD，1997.

附图 4　1995 年的教育公共支出

221

译 后 记

译著《变革的影响：九国职业教育与培训体系比较研究》是在我攻读硕士研究生期间完成的一项成果。从研究生一年级开始，我参加我的导师孙善学研究员承担的国家社会科学基金教育学重点课题"我国现代职业教育体系研究"，负责外国职业教育体系相关资料的收集和研究工作，重点关注世界各国职业教育体系的功能定位和制度匹配问题。在资料搜集过程中，我阅读了由澳大利亚国家职业教育研究中心出版的一份英文研究报告《Review of Research：comparative study of vocational education and training systems，national vocational education and training systems across three regions under pressure of change》。该报告从欧洲、东亚、美洲三个地区各选取了3个有代表性的国家对其职业教育与培训体系进行了系统分析和比较，它的观点主张、研究视域、研究方法和相关资料，不仅对我们正在进行的课题研究有重要帮助，而且对广大职业教育研究者也有重要参考价值。2014年8月初，我在导师建议下通过电子邮件与该报告的版权方联系，经过半年左右的反复沟通，获得了该英文研究报告的翻译和出版授权。

原著作者从经济、政治、社会、文化的宽阔视野研究职业教育，从经济社会的发展变革中寻找职业教育规律，从地域、国别的比较研究中获得关于本国职业教育制度的重要启示。边翻译边思考，我感到职业教育不是单纯的教育问题，它承载着政治、经济、民生等方面的重大使命；职业教育不是单纯的现实问题，它是一个国家历史文化、现实发展和未来目标的统一，也是每一个人既往经历、现实工作和未来生涯的统一。因此，国家、社会和每一个人应该更加全面、更有远见地看待职业教育，充分发挥职业教育的经济、教育功能和文化价值。时下，我国正在推进现代职业教育体系建设，并着手修订《职业教育法》，我们将这部英文报告翻译出版也是希望为我国职业教育制度的建设尽微薄之力。

  本译著得以出版并非我一人之功，我要感谢澳大利亚国家职业教育研究中心（NCVER）营销服务部门的市场营销助理乔安妮·伯克特（Joanne Burkert），正是在她的帮助下我获得了翻译权和出版权，使中文译著跟国内同行见面。原著内容涉及九个国家的职业教育体系，除了大部分的英语陈述，还涉及德语、日语、西班牙语等外语专业词汇，十分感谢我的朋友赵峥、马磊、刘剑宇、魏晓晨在语言方面给予的大力支持。感谢戴姆勒铸星教育团队的田娜、王亮、欧阳黎鹏、胡奕、博雪妹，还有荣利颖、多辉、张明霞、伊瓦涅斯（Sebastian Ibanez）等职业教育同行从理解各国职业教育方面提供的悉心指导。感谢首都经济贸易大学劳动经济学院冯喜良院长、首都经济贸易大学出版社总编辑杨玲老师及编辑薛捷老师为本书的顺利出版搭建平台，王学江老师为本书出版所做的辛勤工作。我最想感谢的人是我的导师孙善学老师，由于自身的职业教育知识积累十分浅薄，起初本没有翻译整本书的抱负与信心，是导师一直对我加以鼓励，常常利用下班休息时间帮我修改翻译稿，提出了许多宝贵建议，最后完成了文稿的审校。感谢所有的帮助与支持，它们都将化作我人生道路上的养料，激励我更努力地向上成长，更有勇气张开双臂拥抱明天的阳光。